이게 차별 이라고?

이게 차별이라고?

고수산나 글
이경택 그림

열다

작가의 말

모두가 살기 좋은 세상을 꿈꾸며

이 책을 쓴 제 이름은 고수산나입니다. 이름이 네 글자나 되지요.

저는 초등학교 때 남들과 조금 다른 이름 때문에 놀림을 받았어요. 다른 사람들은 이름이 두 글자나 세 글자인데 왜 너만 네 글자냐, 왜 너는 수산나라는 이름에 한자가 없냐 하면서 말이에요.

여러분은 어떻게 생각하세요? 이름이 남들보다 한 글자 더 많다는 것이 놀림거리가 될 수 있나요?

나와 다른 것을 받아들이는 것을 불편해하는 사람들이 있어요. 차이를 인정하기가 어려운 것이지요. 하지만 여러분도 알다시피 세상에 똑같은 사람은 없잖아요.

사회가 발전할수록 우리는 나와는 다른 다양한 사람들을 만나게 됩니다. 세계화 시대에 걸맞게 다양한 인종, 다양한 종교와 문화를 가진 사람들을 만나고 함께 일하게 될 기회가 많아질 거예요.

세상의 다양한 사람들을 만나도 차별하지 않고 차이를 불편해하지 않고 잘

지낼 수 있는 것은 이제 글로벌 시대에 맞는 능력 중 하나랍니다.

우리는 어린 시절부터 차이와 차별, 편견과 배려에 대해 배워야 하지요.

우리도 모르게 말과 행동으로 하는 차별이 많아요. 우리 생각 속에, 또 습관 속에 뿌리박혀 있어서 그것이 차별인지도 모르는 경우가 있답니다. 그래서 저는 여러분에게 우리 주변의 여러 가지 차별에 대해 알려 주고 싶었어요.

사람들은 옛날에 비해 차별이 적은 세상이 되었다고 말해요. 많은 사람들이 차별의 문제점을 알고 노력했기 때문이에요.

여러분이 어른이 되는 세상은 더 좋은 세상이 되어야 해요. 모두가 공정한 기회와 혜택을 얻는 평등한 세상 말이에요.

그럼 이 책을 읽으며 우리 함께 살기 좋은 세상으로 한 걸음 앞서 나아가 볼까요?

어린이 친구들과 평등하고 공정한 세상을 만들고 싶은 고수산나

차례

1. 왜 차별할까요?
동물들도 차별을 알까요? 9
차별하는 이유는 무엇일까요? 14
차별이 심해지면 혐오가 됩니다 15 | 채원이의 일기 16

2. 외모로만 판단해도 되는 걸까요?(외모 차별)
누가 춘향이 역할을 할까요? 20
외모 지상주의는 무엇일까요? 27
동물들도 외모 때문에 고통 받아요 28 | 예서의 일기 30

3. 장애가 있어도 꿈꿀 수 있어요(장애인 차별)
점자로 세상의 빛이 된 시각 장애인, 루이 브라유 34
세종 대왕과 시각 장애인 연주단 41
우리도 모르게 말로 하는 차별이 있어요 42 | 현아의 일기 43

4. 서로 다른 믿음을 존중해요(종교 차별)
목숨을 건 믿음 47
종교 때문에 전쟁이 일어나요 54
우리나라에서도 종교 차별이 있었나요? 55 | 수빈이의 일기 57

5. 꼭 남자답고, 여자다워야 하는 걸까요? (성차별)

공부하다 죽을 뻔한 수학자, 소피 제르맹 61

유리 천장이란 무엇일까요? 67 | 성 인지 감수성에 대해 알아보아요 68
책, 광고, 드라마에서 성차별이 많이 나와요 69 | 하율이의 일기 71

6. 누구나 아이였고, 노인이 됩니다 (나이 차별)

여든 살이 된 스물여섯 살의 디자이너 75

나이 때문에 들어가지 못하는 곳이 있다고요? 81
나이에 대한 편견이 있나요? 83 | 다인이의 일기 84

7. 학력이 높아야 성공할 수 있을까요? (학력 차별 외)

세상에서 가장 맛있는 자장면 89

우리나라에도 신분 제도가 있었어요 96
정규직과 비정규직 97 | 은서의 일기 98

8. 더불어 함께 살아요 (새터민·다문화 차별)

우리도 같은 한국 사람이야 102

우리 역사 속에서 다문화를 찾아볼까요? 109
난민이란 누구를 말하는 걸까요? 110 | 장영실의 일기 112

9. 우리는 정말 이상하다고 생각합니다 (인종 차별)

어느 인디언 추장이 남긴 아름다운 이야기 115

유대인들은 왜 학살당했을까요? 119
노예 제도에서 흑인 차별이 시작되었어요 120 | 로자 파크스의 일기 121

1

왜 차별할까요?

동물들도 차별을 알까요?

사람들은 누군가와 비교당하고 차별받는 것을 무척 싫어한다. 그럼 동물들도 차별당하는 것을 알까? 차별을 당하면 기분 나빠할까? 차별당하는 것을 안다면 동물들은 어떻게 반응할까?

동물 중에서도 영장류(원숭이, 고릴라, 오랑우탄과 같은 동물들)를 연구하는 학자인 프란스 드 발 박사는 동료인 사라 브로스넌 박사와 원숭이에 대한 실험을 했다. 실험 대상은 카푸친 원숭이라고도 불리는 꼬리감는원숭이였다.

박사들은 서로 알고 지내던 원숭이 두 마리를 나란히 늘어선 방 두 개에 각각 집어넣었다.

두 원숭이에게 각자 다른 먹이를 줘 보았지만 둘은 별로 신경 쓰지 않았다. 차이를 알아차리지 못해서 그런 건지 먹이를 잘만 받아먹었다.

이번에는 원숭이의 방에 작은 돌을 떨어뜨렸다. 그러고는 원숭이가 떨어뜨린 돌을 실험자에게 돌려주면 보상으로 오이를 주었다.

원숭이 두 마리 모두 떨어뜨린 돌을 돌려주고 계속 오이를 받았다. 그들은 충분한 보상을 받은 듯 만족스러워 보였다.

그러다가 이번에는 한쪽 원숭이에게 오이 대신 포도를 주었다. 원숭이들은 오이보다 포도를 훨씬 더 좋아하기 때문에 원숭이에게는 포도가 오이보다 훨씬 맛있고 값진 먹이였다.

실험자가 오른쪽에 있는 원숭이에게 돌을 돌려받자 포도알 한 개를 주었고, 이 모습을 왼쪽 원숭이가 지켜보았다.

'뭐지? 나한테는 오이를 줬는데 왜 쟤한테는 더 맛있는 포도를 주는 거야?'

그 후 실험자가 왼쪽 원숭이에게 아까처럼 돌을 떨어뜨리자, 왼쪽 원숭이는 돌을 얼른 집어 돌려주며 기대했다.

'이제 나한테도 포도를 주겠지?'

하지만 실험자는 이번에도 오이를 주었고, 오이를 받은 원숭이는 화가 나서 오이를 내던졌다.

'왜 나한테는 계속 오이를 주는 거야? 나도 돌을 돌려줬잖아. 이제 오이는 싫어. 나에게도 포도를 달라고!'

실험자는 모르는 척 다시 두 원숭이에게 조금 전과 똑같이 오른쪽 원숭이에게만 포도를 주는 실험을 한 번 더 했다.

'치사하게 먹는 걸로 차별하는군. 필요 없어. 이제 이딴 실험 따윈 하고 싶지 않아.'

왼쪽 원숭이는 돌멩이를 집어 던졌다. 실험방 밖의 탁자를 세게 두드리며 자신이 화가 났다는 것을 알리기도 했다.

　자신이 한 노력(돌을 주워서 돌려주는)에 대해 차별받는 것을 강력하게 항의한 것이다.

　이와는 정반대의 실험으로 동물들이 차별을 인식하는지를 알아보는 경우도 있었다. 다른 침팬지보다 더 좋은 대우를 받는 침팬지에 대한 실험이다.

　침팬지 두 마리 중 한쪽에는 당근을 주고 다른 한쪽에는 포도를 주었다. 침팬지도 당근보다는 포도를 훨씬 더 좋아한다.

　당근을 받은 침팬지는 당근을 던져 버렸다. 차별에 항의하듯이 말이다.

　포도를 받은 침팬지는 그 모습을 보고 어떻게 했을까?

　'아이참. 왜 친구에게는 당근을 주고 나한테는 더 좋은 포도를 주는 거야?

이렇게 차별하면 내가 마음 편히 포도를 먹을 수 있겠어?'

포도를 받은 침팬지는 가끔씩 포도를 받는 것을 거부했다. 그러다 옆의 침팬지가 당근 대신 자신과 같은 포도를 받게 되자 자신의 포도를 거부하지 않고 잘 받아먹기 시작했다. 마치 이제 친구가 차별받지 않으니 다행이라고 생각하는 것처럼 말이다.

과학자들은 보노보라는 영장류로 다른 실험을 했다. 보노보는 인간의 유전자와 99퍼센트가 일치하는 침팬지와 닮은 영장류이다.

판바니샤라는 보노보가 과제를 잘 수행하자 실험자는 충분한 보상을 해 주었다.

"잘했어. 판바니샤. 우유와 건포도를 줄게."

그런데 어쩐 일인지 판바니샤는 좋아하는 음식인 우유와 건포도를 먹지 않았다. 가족과 친구들이 판바니샤를 지켜보는 것을 알고 부담을 느낀 것이었다. 판바니샤는 실험자에게 다른 보노보들을 가리켰다.

'나 혼자만 좋은 대접을 받을 수는 없어요. 저들과 차별 대우를 받는 건 싫다고요.'

실험자가 다른 보노보들에게도 우유와 포도를 주자 판바니샤는 자기가 받은 것을 먹기 시작했다.

프란스 드 발 박사는 영장류뿐만 아니라 앵무새에게도 비슷한 실험을 했다. 앵무새 두 마리 중 한 마리에게 더 많은 콩을 주면 다른 한쪽이 화를 냈다.

"초록 콩! 초록 콩!"이라고 외치며 차별에 항의했던 것이다.

이 실험으로 프란스 드 발 박사는 인간 뿐만 아니라 동물들도 차별을 싫어한다는 것을 증명했다. 불평등에 대한 분노는 동물들도 느낀다는 것이다.

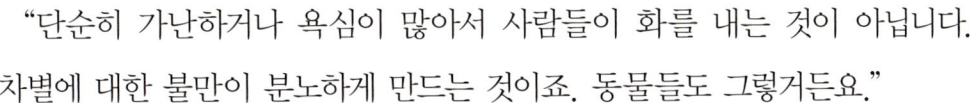

실험을 했던 사라 브로스넌 박사는 말했다.

"단순히 가난하거나 욕심이 많아서 사람들이 화를 내는 것이 아닙니다. 차별에 대한 불만이 분노하게 만드는 것이죠. 동물들도 그렇거든요."

사람들이라면 어떨까? 차별에 더 분노하고 더 속상해할 것이다.

우리가 사는 세상을 다툼 없이 평화롭고 살기 좋게 만들려면 어떻게 해야 할까? 그중 하나는 동물 실험에서 보듯 분명하다. 바로 차별이 없는 공정한 세상을 만드는 것이다.

차별하는 이유는 무엇일까요?

　차별이란 모든 사람이 공평하게 누려야 할 권리나 자유를 누리지 못하게 대하는 것을 말합니다.

　사람들은 자신과 다르다고 생각되거나 자신이 속한 집단에 들어오지 못하는 사람들을 경계하고 불공평하게 대하기도 합니다. 이러한 차별의 원인은 바로 편견에 있습니다.

　자신 혹은 자신이 속한 집단과 다르면 위험하지 않을까, 내 몫을 빼앗기진 않을까, 이런 생각을 하며 나보다 약하거나 소수인 사람들을 무시하려고 합니다. 편견 때문에 잘 모르는 사람을 내 마음대로 판단하는 것이지요.

　이 세상에 나와 똑같은 사람은 아무도 없습니다. 차이는 인정해야 하지만 그것이 차별이 되어서는 안 되겠지요. 서로 다름을 이해하고 내가 가진 편견을 극복해야 차별 없는 공정한 세상에 한 걸음 더 다가갈 수 있을 것입니다.

차별이 심해지면 혐오가 됩니다

　차별의 감정이 심해지면 불공평하게 대하는 것에서 시작해 비난하고, 따돌리고, 폭력을 행하기도 합니다. 우리는 그것을 혐오라고 부릅니다. 혐오는 상대방에게 상처를 주려고 말과 행동으로 공격하는 것이지요.

　혐오가 심해지면 범죄로 이어지는데 이것을 증오 범죄, 혐오 범죄라고 부릅니다.

　누구든 혐오의 대상이 될 수 있습니다. 누구나 다쳐서 장애인이 될 수도 있고, 가난해질 수도 있고, 다른 나라에 가서 살게 될 수도 있으니까요.

　그렇다면 혐오를 없애기 위해 우리는 어떻게 해야 할까요? 누군가 혐오에 시달릴 때 주변에 그 사람을 도와주는 사람이 많으면 혐오는 힘을 잃습니다.

　차별과 혐오를 당하는 것을 모른 척하는 사회는 안전하지 않습니다. 그렇게 되면 언젠가 나도 혐오의 대상이 될 수 있다는 불안이 자라게 되고, 결코 행복한 세상이 될 수 없습니다.

채원이의 일기

친구를 만나고 온 엄마가 선물로 받아 온 쿠키를 내밀었다.

"와, 내가 좋아하는 초코 쿠키네."

나는 얼른 한 개를 덥석 집어 먹었다. 동생인 채린이도 질세라 양손에 쿠키를 쥐고 먹었다.

그렇게 먹다 보니 쿠키는 어느새 한 개밖에 남지 않았다. 쿠키를 집으려고 채린이와 내가 손을 뻗는 순간, 엄마가 먼저 쿠키를 집어서 나에게 주었다.

"언니가 먹어야지."

나는 채린이에게 혀를 내밀어 메롱 하고는 마지막 쿠키를 먹었다.

"언니라고 한 개 더 먹는 게 어디 있어? 차라리 반을 쪼개서 나누어 먹어야지."

채린이가 씩씩거렸다.

"엄마는 만날 언니만 먹을 거 더 주고."

"이채린. 감히 이 언니랑 똑같이 대우받고 싶다는 거야?"

나는 채린이를 더 약 올렸다.

"엄마도 언니도 미워! 차별 대우도 싫어!"

채린이가 그렇게 소리치더니 입을 삐쭉거리며 자기 방으로 들어가

버렸다.

 잔뜩 삐친 채린이를 뒤로한 채 나는 친구 예은이네 집에 책을 갖다주러 갔다. 예은이 집에 들어가자 강아지 루루와 코코가 꼬리를 치며 반겼다. 내가 몇 번 예은이 집에 온 적이 있어서 나를 기억하고 있었다.

 "루루, 나한테 손 내밀어 봐, 손!"

 내가 루루에게 손바닥을 내밀었더니 루루가 오른쪽 앞발을 손바닥에 척 올려놓았다.

 이번에는 코코에게 손을 내밀라고 했다. 코코도 내 손 위에 한쪽 앞발을 포갰다.

 그때 예은이가 작은 비닐 봉투에 든 강아지 간식을 가지고 왔다.

 "이리 줘 봐. 내가 해 볼게."

 나는 루루에게 다시 손을 달라고 했다. 루루가 앞발을 내밀자 간식을 주었다. 이번에는 코코에게 손을 달라고 했다. 코코도 아까처럼 앞발을 내밀었다. 나는 장난이 치고 싶어 코코에게 간식을 주지 않았다.

 "코코 손!"

 다시 손바닥을 내밀었는데 코코는 앞발을 주지 않았다. 내가 몇 번 더 손을 달라고 했지만 코코는 간식이 든 봉투만 볼 뿐 말을 듣지 않았다.

"채원아, 네가 코코랑 루루를 차별했잖아. 그래서 코코가 화가 난 거야. 걔들도 차별 대우 싫어해."

예은이가 웃으며 코코에게 간식을 주었다.

"걔들도 차별 대우하는 거 알아? 와, 코코가 기분 나빴구나. 코코야, 미안해."

코코는 내가 쓰다듬으려고 하자 예은이에게 가 버렸다. 속상해하는 코코를 보니 채린이 생각이 났다.

'동물도 저렇게 차별하면 화를 내는데, 채린이는 얼마나 속상했을까?'

차별은 동물에게도 사람에게도 나쁜 것이다. 엄마도 나도 오늘 잘못했다.

2

외모로만 판단해도 되는 걸까요?

(외모 차별)

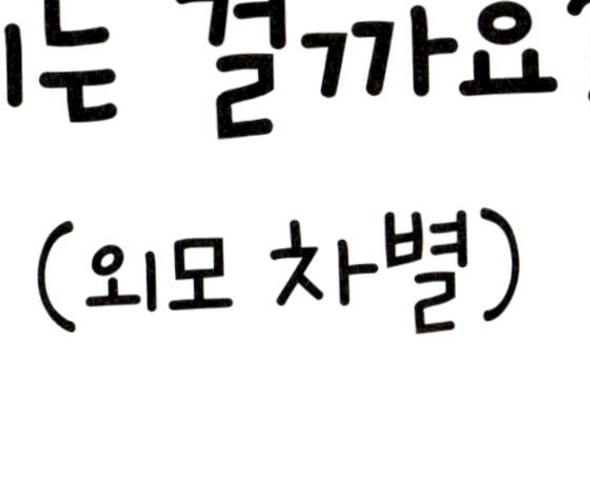

누가 춘향이 역할을 할까요?

"이제 모둠별로 고전 작품을 다 정했죠? 2주 뒤에 발표할 거니까 그때까지 준비 잘해요. 대사도 다 외우면 좋겠지?"

선생님의 말씀이 끝나자마자 아이들이 웅성거렸다.

"먼저 배역부터 뽑아야지."

"감독이 필요하지 않을까? 소품 담당도 있어야 할 것 같아."

유나네 반 아이들은 모둠별로 고전 작품을 골라 간단한 연극을 하기로 했다. 〈홍길동전〉, 〈춘향전〉, 〈심청전〉, 〈흥부전〉 중에서 유나의 모둠은 〈춘향전〉을 맡았다.

"우리는 등장인물이 많네. 춘향이, 몽룡이, 방자, 향단, 월매, 변사또."

"한 사람이 배역 하나씩 맡으면 딱 맞겠다. 우리는 여섯 명이니까 말이야."

아이들은 먼저 역할을 정해야 한다며 공책에 등장인물의 이름을 주르륵 적었다.

"주인공인 춘향이는 누가 할까?"

모둠장인 현서가 연필을 들고 물었다.

유나는 손을 번쩍 들려다 망설였다. 아이들이 동시에 고개를 돌려 윤서를 바라보고 있었기 때문이었다.

윤서는 유나네 반에서 가장 눈에 띄는 아이였다. 눈이 커다랗고 얼굴은 갸름했으며, 키가 크고 날씬했다. 다들 윤서를 보고 아이돌 외모라고 부를 정도였다.

유나는 용기를 내어 말했다.

"내가 춘향이를 하고 싶어. 나는 연기자가 꿈이거든. 그래서 연기 학원을 다닌 적도 있어. 춘향이 역할을 잘할 자신 있어."

유나의 말에 아이들은 유나와 윤서를 번갈아 보았다.

"하지만 춘향이는 예뻐야 하잖아. 게다가 영화나 드라마 주인공은 다 예쁜 사람이 한다고."

"유나 너는 안경도 썼고. 안경 쓴 춘향이는 좀 이상하지 않나?"

유나네 모둠인 정호와 연아가 한마디씩 했다. 팔짱을 끼고 아이들의 이야기를 듣고 있던 윤서가 말했다.

"유나가 춘향이를 하고 싶다잖아. 하고 싶은 사람이 해야 잘하지. 나는 주인공 싫어. 대사 외울 게 많잖아. 학원 숙제도 많은데 그걸 언제 다 외워."

윤서가 손사래를 쳤다.

옆 모둠에서도 주인공 배역을 정하느라 실랑이하는 소리가 들렸다.

"내가 홍길동을 맡아야 한다니까. 태권도 학원에서 쌍절곤을 배웠단 말이야. 내가 쌍절곤을 돌리면서 무술 시범도 보이면 멋지잖아."

현우가 의자에 한 발을 딛고 서서 양팔을 휘두르며 말했다.

"무슨 홍길동이 쌍절곤을 돌리냐? 그건 홍길동의 무술이 아니야."

아이들이 말려도 현우는 홍길동의 멋진 모습을 보여야 한다며 우겼다. 점점 더 소란스러워지자 선생님이 책상을 탁탁 치며 소리쳤다.

"그만 그만. 배역은 나중에 수업 끝나고 정하도록 해요."

아이들은 다시 교과서를 집어 들었지만 유나는 연극 배역 생각이 계속 맴돌았다.

수업이 끝나고 집으로 가는 방향이 같은 유나와 윤서가 함께 교실을 나왔다.

"윤서야, 넌 정말 주인공 하기 싫어? 아이들 말이 맞긴 맞아. 춘향이는 너처럼 예뻐야 하잖아."

그러자 윤서가 웃으며 말했다.

"나는 연기를 못하는데 주인공을 어떻게 하니? 주인공이 못하면 정말 짜증 나잖아. 그리고 너도 예쁜데 무슨 상관이야."

유나는 고개를 절레절레 흔들었다.

"나는 너랑 달라. 눈도 작고 입도 작아. 얼굴도 동글동글하잖아. 나는 솔직히 예쁜 네가 부러워."

유나의 말에 윤서가 고개를 저었다.

"나는 사람들이 예쁘다고 하는 거 별로 좋아하지 않아. 어떤 사람들은 '윤서 너는 예쁘니까 공부 안 해도 되겠다.' 그런다니까. 사람들은 내가 뭘 좋아하는지 뭘 잘하는지 궁금해하지도 않고 무조건 연예인 하래."

"윤서야, 난 예쁘다는 칭찬은 무조건 좋은 줄만 알았어. 그런데 생각해 보니까 너도 나도 외모로만 평가받는 건 싫다, 그치?"

"그럼! 그러니까 네가 춘향이를 해야 돼, 알았지?"

윤서가 유나의 어깨에 팔을 두르며 웃었다.

유나는 지금까지 윤서가 예뻐서 아이들이 좋아하는 줄 알았다. 그런데 윤서랑 이야기를 나눠 보니 윤서는 외모보다 마음이 멋진 아이였다.

다음 날 학교에 가자마자 정호가 모둠 아이들에게 호들갑을 떨며 그림 하나를 보여 주었다.

"얘들아, 이것 좀 봐. 우리 누나가 미술 학원에 다니는데 거기서 배우는 그림 중에 이게 있었어."

아이들이 정호 주위로 몰려들었다. 다른 모둠 아이들까지 궁금한지 머리를 들이밀었다.

"무슨 그림인데?"

"여자 그림이잖아. 옛날 그림 같아."

아이들이 복사해 온 그림을 보고 한마디씩 했다.

"우리 누나가 그러는데 신윤복이라는 조선 시대 유명한 화가가 그린 그림이래. 제목이 〈미인도〉야. 조선 시대 미인을 그린 거지."

정호의 설명을 들은 아이들은 더 뚫어져라 그림을 들여다보았다.

"이거 봐. 눈이 가늘고 입이 작고 얼굴이 동그랗고. 여기에 안경만 쓰면 누구랑 닮았게?"

정호는 정답을 미리 알려 주려는 것처럼 유나 얼굴 옆에 그림을 갖다 대었다.

"와, 정말 유나랑 닮았다. 유나가 조선 시대의 미인이었네."

현아의 말에 아이들이 그림과 유나를 번갈아 보며 고개를 끄덕였다.

"그럼 유나가 춘향이를 맡아야겠다. 조선 시대의 진짜 미인이니까 말이야."

윤서의 말에 아이들은 고개를 끄덕였다. 신윤복의 미인도를 본 아이들은 아름다움의 기준은 시대에 따라 다르다는 둥, 사람마다 개성이 있어 아름다움을 평가할 수 없다는 둥 어제와는 다른 얘기를 했다.

유나네 모둠 아이들은 배역을 정한 후 이야기를 더 만들기로 했다.

"그네 타는 예쁜 모습에 반하는 건 요즘과는 어울리지 않아."

"춘향이의 말솜씨나 책 읽는 모습, 뭔가 다른 멋진 모습에 반하는 게 좋을 것 같아. 춘향이의 멋진 노래 솜씨는 어때? 유나 너 노래 잘 불러?"

아이들은 어느새 예쁜 춘향이는 잊어버리고 〈춘향전〉을 재미있게 만들 생각만 했다. 다른 모둠도 마찬가지였다.

2주가 지나고 모둠 연극 발표 시간이 되었다. 책상과 교실 바닥에는 모둠별로 준비한 온갖 소품들이 널브러져 있었다.

가장 먼저 현우 모둠이 〈홍길동전〉 연극을 했다. 아버지를 아버지라고 부르지 못해 집을 나간다며 홍길동이 서럽게 울 때는 유나도 눈물이 날 뻔했다. 현우네 모둠은 태권도를 배운 아이들이 많아서 홍길동이 의적들과 함께 태권도 시범단 공연을 했다.

세 명이서 안무를 짠 것처럼 태권도에 율동을 더해서 선보였고, 탐관오리(욕심 많고 나쁜 짓을 하는 벼슬아치)의 이름이 쓰인 송판 격파도 했다. 특히 현우와 준형이는 회전하며 공중에서 송판을 격파해서 아이들이 함성을 지르기도 했다.

〈흥부전〉을 한 모둠은 흥부 부부의 박 타는 모습을 연극으로 꾸몄다. 제비 가면도 잘 만들었고 플라스틱 바구니를 이어 붙인 박도 그럴듯했다.
 종이 톱으로 박을 타자 아이들은 박 속에서 어떤 보물이 나올까 궁금했다.
 "아마 반짝이는 종이로 보물을 만들었을 거야."
 "마트에서 파는 값싼 반지, 목걸이 같은 거 잔뜩 넣은 거 아니야?"
 아이들은 자리에서 일어서서 박이 갈라지는 것을 구경했다. 갈라진 박 속에서 나온 것은 휴대폰, 게임기, 가족사진이 들어 있는 액자였다. 직접 그린 강아지 그림도 나왔다.
 마지막으로 유나네 모둠에서 〈춘향전〉으로 연극을 했다. 춘향이 역을 맡은 유나는 생활 한복을 입고 노끈으로 엮은 그네에서 뛰어내렸다. 그러고는 힙합 가수처럼 춤을 추고 노래를 불렀다.
 "나는 남원에서 제일가는 멋쟁이 성춘향! 예. 춤, 노래, 시, 운동 어느 것 하나 빠지지 않지. 난 기생 딸이지만 기생은 아니야. 나는 남원에서 제일가는

인싸. 나보다 잘난 사람 나와 봐라 그래. 요요요."

유나가 빠른 말투로 랩을 하며 다리를 건들거리며 춤을 추자 아이들도 동시에 팔을 흔들며 따라 했다. 아이들 모두가 즐거운 시간이었다.

선생님은 박수를 치며 웃다가 눈물이 난다며 집게손가락으로 눈가를 꾹꾹 누르기도 했다.

"고전의 내용보다는 화려한 볼거리에 치중한 것 같네요. 그래도 재미있으니까 좋은데? 이런 아이디어를 어떻게 생각해 냈나 모르겠네. 우리 반 아이들이 이렇게 창의적이고 멋진 줄 몰랐어요."

벌겋게 달아오른 얼굴을 비비며 아이들은 자리에 앉았다. 어느 모둠도 예쁜 사람이 주인공을 맡진 않았지만 모두 재미있게 잘 해냈다.

'연기 학원 다닐 때는 날씬하고 예쁜 아이들만 주인공을 맡고 난 안 된다고 했는데. 이젠 나도 어떤 역할이든지 잘 해낼 수 있어.'

유나는 춘향이 역할을 잘 해냈다는 성취감과 친구들의 칭찬 덕분에 연기에 더욱 자신감이 생겼다.

나, 21세기 춘향이야!

외모 지상주의는 무엇일까요?

외모를 지나치게 중요하게 생각하는 것을 외모 지상주의라고 해요.

외모가 인간관계, 취직, 결혼과 같은 사회생활에 큰 영향을 끼친다고 믿는 사람들이 많아요. 그래서 외모를 가꾸는 데 돈과 시간, 노력을 많이 투자하기도 하지요.

영화나 드라마, 광고에서도 외모 지상주의는 넘쳐 나고 있어요. 사람마다 신체의 특징이 다른데, 그것을 가지고 우스꽝스럽게 표현하거나 무시하는 내용이 자연스럽게 그려지고 있어요. 예쁘고 날씬하고 키가 큰 사람은 부러움의 대상이 되기도 하지요.

사람은 얼굴, 몸매, 옷차림 등으로 평가를 받아서는 안 됩니다. 살 좀 빼라, 화장해라 등의 말과 외모의 특징을 별명으로 부르는 것은 그 사람을 존중하지 않는다는 뜻이거든요.

외모에 따라 사람을 다르게 대하는 것은 옳지 못한 일입니다. 사람은 그 자체로 존귀한 존재이고, 소중한 몸이 차별과 편견의 대상이 되어서는 안 되기 때문이지요.

동물들도 외모 때문에 고통 받아요

사람들은 동물의 외모도 중요하게 생각해요. 예쁘고 귀여운 동물들을 키우고 싶은 사람들의 욕심 때문에 강아지, 고양이 공장에서 마구잡이로 동물들을 번식시키는 경우가 많아요. 사람들 마음에 들도록 동물들의 귀와 꼬리를 자르기도 합니다.

장애가 있거나 몸집이 커져서 더 이상 귀엽지 않다고 버림받는 동물들도 많지요. 동물들까지 외모로 평가하는 사람들의 잘못된 인식 때문입니다.

장애가 있다고 버림받았어요.

예쁘고 화려한 외모 때문에 지구에서 멸종된 동물들도 있어요.

숀부르크사슴과 배드랜드 큰뿔산양은 화려하고 아름다운 뿔 때문에 사냥을 당했어요. 많은 사람이 아름다운 뿔과 머리를 장식품으로 가지려고 했거든요.

장밋빛 긴 목을 가진 분홍머리오리도 마찬가지예요. 하늘을 날 때 보이는 날개 밑부분이 분홍색을 띠어서 사람들이 너도나도 분홍머리오리를 가지고 싶어 했어요. 그 결과 지금은 아름다운 분홍머리오리를 보기 힘들게 되었지요.

반대의 이유로 멸종 위기에 처한 동물도 있어요. 마다가스카르의 열대 우림에 사는 아이아이 원숭이는 겉모습이 악마를 닮았다는 이유로 사람들에게 죽임을 당했어요. 사람들이 볼 때 추하다고 생각했기 때문에 마구 죽여 버렸거든요.

모든 생명은 다 소중합니다. 외모가 예쁘든 아니든 간에 말이에요. 예쁘다는 기준도 인간의 기준일 뿐이지만요. 인간들의 외모 차별 때문에 지금도 많은 동물들이 고통 받고 있답니다.

예서의 일기

토요일 오후에 이모가 놀러 왔다. 시인인 이모는 오늘 우리 동네에서 열리는 작가와의 만남 행사에 참석하고 오는 길이었다.

"행사는 잘 진행됐는데 기분 나쁜 일이 있었어."

엄마와 나는 이모 얘기를 들으려고 식탁에 둘러앉았다.

"마지막에 나한테 질문을 하라고 했거든. 그랬더니 아주머니 한 분이 그러는 거야. 선생님은 나이가 있는데도 어쩜 그렇게 아가씨처럼 날씬하냐고. 비결을 가르쳐 달라고 하더라고. 그러니까 옆에 있는 사람들이 정말 날씬하시다고 막 칭찬을 하더라니까."

이모의 말을 들은 나는 놀라서 물었다.

"이모, 칭찬한 건데 왜 기분이 안 좋아?"

"예서야. 나는 거기 시인으로 참석한 거야. 그런데 사람들은 내 시는 열심히 안 듣고 내 몸만 쳐다봤나 봐. 나는 시인이니까 내 시를 칭찬하는 게 가장 기분이 좋지."

이모의 말에 엄마도 고개를 갸우뚱거렸다.

"그래도 뚱뚱하다고 놀리는 것보다 훨씬 좋은 거 아니야?"

"아니야, 언니. 나는 내 시에 관한 이야기를 나누고 싶었어. 내 몸매가 아니라."

엄마는 이모의 말에 고개를 끄덕이며 말했다.

"맞아. 외모로 사람을 평가하는 일이 정말 많아. 나도 며칠 전 백화점에 갔다가 정말 황당한 일이 있었다니까. 옷 가게 앞을 지나가다가 마네킹이 입고 있는 블라우스가 예뻐서 얼마냐고 물어봤거든. 그랬더니 점원이 나를 보고는 뭐랬는 줄 알아?"

이번에는 이모와 내가 엄마의 말에 귀를 기울였다.

"'비싸요.' 그러는 거야. 기분이 나빠서 내가 '비싸서 얼만데요?' 했더니 '35만 원인데요?' 하며 팔짱을 끼고 대답하더라고."

엄마는 그때 일이 생각나서인지 씩씩거렸다.

"내가 화장도 하지 않고 편한 옷차림으로 갔더니 무시한 거지. 손님의 겉모습을 보고 무시하는 건 정말 잘못된 일이잖아."

"맞아, 언니. 비싼 차, 비싼 가방이 잘 팔리는 이유가 뭐겠어? 사람을 겉모습으로 판단하고 대하니까 없는 형편에도 꾸미는 거잖아. 그래서 그 블라우스 샀어? 뭐라고 했어?"

이모는 흥미진진한지 계속 물었다.

"뭐라고 하긴. '알겠어요.' 하고 돌아 나왔지. 속으로 와, 진짜 비싸구나 하면서 말이야."

우리들은 다 같이 웃음을 터뜨렸다.

생각해 보면 우리 반에서도 옷 잘 입고 예쁜 아이들이 인기가 많다. 비싼 물건을 가지고 다니는 아이들을 부러워하기도 한다. 하지만 이모가 한 말을 이젠 나도 기억해야겠다.

　가지고 다니는 물건보다도 사람이 명품이 되어야 한다는 것 말이다.

점자로 세상의 빛이 된 시각 장애인, 루이 브라유

　루이 브라유는 프랑스 남부의 작은 마을에서 태어났다. 루이의 아버지는 말을 탈 때 쓰는 안장, 재갈, 말 장신구 등을 만드는 일을 했다. 아버지의 작업실에는 칼, 망치, 송곳, 가죽 등 온갖 물건들과 튼튼한 작업대, 앞치마 등 구경거리가 많았다. 호기심 많은 어린 루이는 아버지의 작업실을 구경하는 것이 좋았다.

　"루이야, 아버지 작업실에는 위험한 물건이 많아. 만지면 안 된단다."

　루이의 아버지는 루이가 작업실에 들어오지 않게 말렸지만 개구쟁이 루이는 말을 듣지 않았다.

　아버지가 자리를 비운 어느 날이었다.

　루이는 아버지의 작업실에 들어가 송곳을 가지고 놀았다.

　"나도 아빠처럼 해 봐야지. 아빠가 이걸로 가죽에 구멍을 뚫었지?"

　루이는 그만 송곳으로 자신의 한쪽 눈을 찌르고 말았다. 엄마가 루이를 곧바로 의사에게 데려갔지만 상처가 너무 깊어 치료할 수 없었다. 송곳에

찔린 눈은 보이지 않게 되었고 나머지 한쪽 눈마저 병균에 감염되었다.

그렇게 루이는 완전히 앞을 볼 수 없게 되었다. 루이는 더 이상 파란 하늘도, 알록달록 화려하게 피는 꽃도 볼 수 없었다. 어린 루이는 어둠 속에 갇혀 무서움과 외로움에 떨어야 했다.

하지만 가족의 도움으로 루이는 점차 어둠 속에서도 걷고 먹고 느끼는 일에 적응해 나갔다. 냄새를 맡고, 소리를 듣고, 손으로 느끼는 것이 눈으로 보는 것을 대신해 주었다. 똑똑하고 씩씩한 루이는 집안일을 돕고 혼자서 집 근처를 다닐 정도로 보이지 않는 삶에 익숙해졌다.

루이가 살았던 1800년대에는 루이처럼 앞이 보이지 않는 시각 장애인은 학교에 다니기 힘들었다. 그래서 가질 수 있는 직업도 별로 없었다. 루이의 부모님은 똑똑한 루이가 공부를 하고 학교에 다닐 수 있다면 얼마나 좋을까 안타까워했다.

루이가 여섯 살이 되던 해에 마을에 자크 파뤼라는 신부님이 부임해 왔다. 파뤼 신부는 루이의 영리함을 알아보고 학교 선생님에게 부탁해 루이가 학교에 다닐 수 있게 해 주었다. 루이는 반 아이들 누구보다도 더 선생님 말씀에 집중했다. 하지만 책을 읽을 수가 없어 궁금한 것도, 더 알고 싶은 것도 배우기가 힘들었다. 다른 친구들보다 앞서 나가다가도 멈춰야 하는 루이는 답답했다.

"신부님, 제가 책을 읽을 수 있다면 얼마나 좋을까요? 공부를 하면 할수록 알고 싶은 게 많아져요. 하지만 선생님이 일일이 제 질문에 대답해 줄 수는 없잖아요."

"그래. 네 맘 안다, 루이야. 너는 공부를 더 해야 해. 네가 다닐 수 있는 학교를 알아봐야겠구나."

루이의 영특함을 알고 있었던 신부는 시각 장애인이 다닐 수 있는 왕립 맹아 학교에 루이가 입학할 수 있도록 도와주었다.

왕립 맹아 학교에 가게 된 루이는 무척이나 기뻤지만 루이의 부모님은 걱정이 많았다.

"루이야, 우리 동네는 네가 보이지 않아도 다니는 데에 지장이 없지만 큰 도시는 달라. 위험할 거야. 게다가 사람들도 우리 동네 사람들처럼 너에게 친절하지 않을 수도 있어."

"알아요, 아빠. 하지만 저는 정말 열심히 공부해서 세상에 도움이 되는 사람이 되고 싶어요."

그렇게 루이는 고작 열 살 때 집을 떠나 프랑스 파리에 있는 왕립 맹아 학교에 진학하게 되었다. 걱정하는 부모님께 큰소리를 친 루이였지만, 막상 학교에 와 보니 힘든 것이 한두 가지가 아니었다. 학교도 사람도 냄새와 공기도 모든 게 낯설기만 했다.

"부모님이 보고 싶고 우리 마을도 너무 그리워. 하지만 힘들다고 여기서 포기하면 내 꿈을 이룰 수 없어."

루이는 왕립 맹아 학교 아이들 중 그 누구보다 열심히 공부했다. 음악, 미술, 역사 수업 등 다양한 과목을 배우는 것이 좋았고 특히 점자로 된 책이 있어서 읽을 수 있다는 것이 기뻤다.

시각 장애인들이 읽을 수 있는 책은 종이 뒷면을 눌러 종이 위로 글씨가 도드라지게 올라오는 돋을새김으로 인쇄된 책이었다. 볼록하게 솟은 글자를 손가락으로 하나하나 짚으며 읽는 것이었다.

책을 읽게 되어 기쁘긴 했지만 이 돋을새김 책을 읽는 것은 결코 쉽지가 않았다. C와 O, Q처럼 비슷한 글자는 헷갈리는 경우가 많았고, 글자 하나하나가 워낙 커서 책을 빨리 읽을 수가 없었다. 알파벳을 하나하나 손으로 읽다 보면 앞 단어를 잊어버려 내용이 잘 연결되지 않았다. 게다가 돋을새김으로 글씨가 큰 책을 만드는 것에는 돈이 많이 들었기 때문에 출간된 책이 많지 않았다. 그런 탓에 학교 도서관에도 책이 겨우 열네 권밖에 없어서 더 읽을 책이 없었다.

"이게 뭐야. 알고 싶은 것도, 공부하고 싶은 것도 많은데. 시각 장애인이 읽을 수 있는 책이 이것뿐이라니!"

루이와 학생들은 책에 대한 불만이 많았다. 하지만 시각 장애인들을 위한 책은 이것보다 더 나은 것이 없다며 선생님들도 안타까워했다.

그러던 어느 날, 야간 문자를 개발한 바르비에 대위가 맹아 학교에 찾아왔다. 야간 문자는 어둠 속에서 병사들에게 명령을 전달하기 위해 개발되었는데, 점으로 글자를 표시해 읽는 방식이었다. 학생들은 알파벳을 돋을새김한 글자보다 점으로 표시하는 것이 훨씬 읽기 쉬워 좋아했지만 문제도 많았다.

"이건 제대로 된 글자는 아니야. 마침표, 쉼표 같은 부호를 넣을 수가 없어."

"대문자랑 숫자도 없다고. 게다가 긴 문장을 쓸 수도 없어. 군대에서 쓰는 명령어뿐이잖아."

모두가 더 나은 방법을 바랐지만 찾을 수가 없었다. 루이는 깨달았다.

"시각 장애인들이 책을 더 빠르고 쉽게 읽을 수 있는 글자는 없어. 내가 만들지 않는다면 말이야."

루이는 학교를 다닐 때도 방학에 집에 있을 때도 송곳과 종이를 들고 다니며 잠시도 쉬지 않고 시각 장애인을 위한 글자를 연구했다. 세상에 없는 글자를 만든다는 것은 불가능해 보였다. 특히 어린 학생인 루이가 해낼 것이라고는 아무도 생각하지 못했다.

하지만 결국 루이는 점 여섯 개로 알파벳을 표시하는 방법을 만들었고, 아이들은 그 글자를 아주 쉽게 배웠다.

"세상에! 루이가 만든 글자는 손끝으로 쉽게 읽을 수가 있어."

"그것뿐이 아니야. 우리도 점자로 얼마든지 글을 쓸 수가 있어. 쉽고 빠르게 말이야."

루이의 글자는 아이들에게 커다란 놀라움과 기쁨을 주었다. 시각 장애인들이 읽고 쓸 수 있는 글자를 만들어 낸다는 것 자체가 엄청나게 대단한 일이었다. 하지만 그것으로 끝이었다.

루이가 만든 점자로 책을 만들어야 했는데 아무도 책을 만드는 데 돈을 대려고 하지 않았던 것이다.

"시각 장애인한테 왜 책이 많이 필요하죠? 뭐 하러 돈을 많이 들여서 맹인용 책을 만들어야 해요? 어차피 사회에 나와서 할 수 있는 일도 별로 없는데요."

"맹인 학생이 자기들을 위한 글자를 만들었다고요? 말도 안 돼요."

사람들은 루이의 글자와 시각 장애인들을 무시했다.

루이의 글자는 루이와 그 친구들만 쓸 수 있었다.

학교를 졸업하고 교사가 된 후, 루이는 학생들에게 자신의 글자를 가르쳤다. 루이의 글자는 점점 더 많은 사람들에게 알려지게 되었고, 기존의 점자보다 훨씬 효율적이라는 것을 인정받아 책으로 출간되었다.

하지만 루이는 건강을 돌보지 않고 학생들을 가르치며 글자를 연구하고 책을 쓰다가 몸이 망가지고 말았다. 결국 루이는 스물여섯 살에 결핵에 걸려 17년 동안 병과 싸워야 했고, 마흔세 살에 세상을 떠났다.

루이는 자신을 눈멀게 만든 송곳을 가지고 글자를 만들어 전 세계 1억 8천 명이 넘는 시각 장애인들에게 빛이 되어 주었다. 루이 덕분에 눈먼 사람들도 글을 읽고 쓸 수 있게 되었으며, 그 덕분에 작가가 되고 박사 학위를 받고 많은 직업을 선택할 수 있게 되었다.

많은 사람들은 시각 장애인은 공부를 할 필요가 없으며 글자와 책도 필요 없다고 생각했다. 하지만 루이는 이러한 장애인 차별이 잘못되었다는 것을 노력과 의지로 증명했다.

세종 대왕과 시각 장애인 연주단

　우리나라 국민들이 가장 좋아하는 위인인 세종 대왕이 책을 좋아해서 많이 읽었다는 것은 잘 알려진 사실입니다. 게다가 훈민정음을 만드느라 눈을 혹사해서 눈병이 나고 시력이 나빠져서 신하들까지 걱정을 많이 했지요. 이러한 세종 대왕은 시각 장애인에게 따뜻한 마음을 베풀기도 했어요.

　세종 때 국악을 연구한 음악가 박연은 시각 장애인의 처우 개선을 위해 노력한 인물입니다. 박연은 세종 대왕에게 이렇게 말합니다.

　"그들은 눈이 없어도 소리를 살필 수 있으며, 또 세상에 버릴 사람은 아무도 없습니다."

　세종 대왕은 박연의 뜻을 받아들여 거문고, 가야금, 피리 등을 연주하는 시각 장애인으로 구성된 관현악단을 만들었습니다. 벼슬과 급료를 주어 안정된 생활을 할 수 있도록 능력 있는 시각 장애인들을 고용한 것이지요.

　그 후 성종 때는 시각 장애인을 뽑아 음악 교육을 시켜 관현악단으로 일할 수 있게 혜택을 주기도 했습니다.

우리도 모르게 말로 하는 차별이 있어요

우리가 평소에 별생각 없이 쓰는 말 중에도 차별의 뜻을 담고 있는 것들이 많습니다.

예를 들면 언어 장애인을 귀머거리와 벙어리로, 시각 장애인을 장님으로, 지체 장애인을 절름발이라고 부르는 거예요. 예전에는 장애인을 낮추어 부르는 이런 말을 일상 용어처럼 쓰기도 했어요. 벙어리장갑, 절름발이 정책, 꿀 먹은 벙어리, 눈뜬장님 등 많은 단어들을 자연스럽게 써 왔어요.

네 손가락을 한꺼번에 넣는 벙어리장갑은 마치 입과 혀가 붙어서 말을 못하는 사람처럼 손가락 부분이 붙어 있는 장갑이라는 말이에요. 균형을 이루지 못한 비정상적인 정책을 절름발이 정책이라고 쓰는 것도 장애인을 비하하는 말이지요.

우리가 의식하지 못하고 쓰는 말들이 상대방에게 상처를 줄 수 있다는 점을 기억하고, 차별적인 언어를 사용하지 않도록 노력해 보아요.

◀ 벙어리장갑은 차별의 표현이에요. 손모아장갑이라고 바꾸어 부르는 게 좋겠죠.

현아의 일기

　이번 토요일에 외삼촌 가족이 우리 집에 오기로 했다. 외삼촌이 오랜만에 하는 바깥나들이다. 외삼촌은 작년에 교통사고를 당해서 휠체어를 타게 되었다.
　마라톤을 좋아했던 삼촌인데 걷지도 못하게 되었으니 얼마나 답답하겠냐며 엄마는 외삼촌 이야기가 나올 때마다 눈물을 흘렸다. 외삼촌은 한동안 병원 외에는 집 밖으로 나오려고 하지 않았고 사람도 만나지 않았다.
　우리 가족은 평소에 외식하러 자주 가던 식당부터 인터넷 검색으로 찾은 맛집까지 여러 후보들을 놓고 외삼촌이 무슨 음식을 좋아할까 고민했다. 그러다 언니가 말했다.
　"근데 그 식당들이 휠체어가 들어갈 수 있는 곳인지도 봐야죠. 장애인 주차장이 있는지도 보고."
　언니의 말에 우리 가족은 식당을 직접 찾아가 보기로 했다.
　평소에 우리 가족이 자주 가던 파스타집은 입구가 계단으로 되어 있었다.
　"그렇게 많이 다녔는데도 경사로가 있는지 없는지도 몰랐네."
　우리는 다음으로 한정식 식당을 갔다. 한정식 식당은 지하부터 엘리베이터가 있었다.

"엄마, 여기는 장애인 화장실이 없어요. 외삼촌이 화장실 가고 싶으면 어떡해."

어떤 식당은 장애인 화장실에 청소 도구가 잔뜩 쌓여 있기도 했고, 또 다른 곳은 장애인 주차장에 큰 트럭들이 주차되어 있기도 했다.

"어휴. 그동안 몰랐는데 외삼촌 입장에서 식당을 찾으니 갈 수 없는 곳이 많네."

이런 사실을 알면 외삼촌이 더 집에만 있게 될까 봐 걱정이 되었다.

우리는 가게 앞에 장애인 주차장이 있고, 장애인 화장실을 쓸 수 있고, 공간이 넓어서 휠체어가 들어갈 수 있는 식당을 겨우 찾았다. 먹고 싶은 음식이 아니라 휠체어를 타고 갈 수 있는 식당으로 결정한 것이다.

"이래서 학교에서 장애인 체험 활동을 하는구나. 우리가 장애인의 입장에서 바라보고 생각해 볼 수 있도록 말이야. 식당 한 군데를 가려고 해도 이렇게 많은 것들을 확인하고 선택해야 하다니……."

엄마는 앞으로 외삼촌이 겪어야 할 일을 생각하며 한숨을 푹 쉬었다.

만약 우리 가족이 미처 외삼촌의 상황을 생각하지 않고 외식할 식당을 정했다면 외삼촌은 불편하고 기분 나쁜 상황들을 겪어야 했을 것이다.

밥 한 끼 먹는 일부터 이런데 다른 일들은 어떨까? 나는 외삼촌이 혼자 외출한다고 했을 때 겪게 될 일들을 생각해 보았다.

버스나 지하철을 타는 일부터 쉽지 않을 것이다. 휠체어가 다니기 힘든 좁은 길을 만날 수도 있고 횡단보도를 건너야 할 때 비장애인들보다 시간이 더 걸려서 신호가 바뀌어 버릴 수도 있을 것이다.

약속 장소에 도착했는데 입구에 계단만 있고 휠체어가 갈 수 있는 경사로가 없다면?

그런 생각들을 해 보니 왜 외삼촌이 휠체어를 탄 후로 밖에 나가지 않으려고 하는지 이해할 수 있었다.

외삼촌과 같은 장애인들이 비장애인들처럼 자유롭게 다니고 더 다양한 활동을 할 수 있도록 시설들이 갖춰졌으면 좋겠다. 그리고 사람들도 자신과 다른 사람들의 상황과 입장을 이해하고 배려한다면 지금보다 훨씬 더 좋은 사회가 되지 않을까?

서로 다른 믿음을 존중해요
(종교 차별)

목숨을 건 믿음

"어머니, 아버지 사랑방에 온 손님들은 누구예요?"

"쉿! 조용히 하거라."

어머니는 주위를 살피더니 하인을 불렀다.

"순심이 아범, 사랑방 쪽에는 다른 하인들이 얼씬도 못 하게 단속하게."

"네, 마님."

어머니는 나를 데리고 안방으로 들어가셨다.

"정혜야. 저분들은 우리처럼 천주님(가톨릭에서 '하느님'을 이르는 말)을 믿는 교인들이야. 우리도 저분들도 다른 사람들에게 들키면 안 돼. 너도 알지?"

"그럼요."

나는 가슴을 누르며 저고리 안쪽에 숨겨 놓은 묵주(천주교에서 기도할 때 쓰는 물건)를 만졌다. 우리 가족은 나라에서 금하는 천주님을 믿는 집안이다. 서학이라고 불리며 조선에 들어온 천주교는 양반과 상놈 할 것 없이 사람들에게 알음알음 전해졌다.

나는 천주님의 말씀이 좋았다. 내 몸종인 순심이도 나도 모두 같은 하느님의 자녀이기 때문에 세상 사람 모두가 평등하다는 것이 가장 마음에 들었다. 하지만 나라에서는 양반 사회의 질서를 무너뜨리고 조상을 섬기는 제사를 지내지 않는다는 이유로 천주교를 믿지 못하게 했다.

밤이 되면 우리 집에 몰래 들락거리는 손님들이 점점 많아졌다. 비록 오래가지는 못했지만 말이다.

어느 날, 관아에서 포졸들이 우리 집에 들이닥쳤다. 아버지와 어머니를 마당에 끌어내고 살림살이를 들쑤셔 놓았다.

"집 안을 샅샅이 뒤져라. 사교(사회와 나라에 해를 끼치는 나쁜 종교)의 서책과 물건들이 있을 것이다."

포졸들은 안방의 이불까지 뒤집어서 십자가와 기도서,

묵주를 찾아냈다. 질질 끌려가는 아버지를 따르던 어머니는 순심이 엄마인 청주댁을 붙잡았다.

"내 경대 서랍에 노비 문서가 있네. 자네 가족들 것을 모두 태워 버리게. 그리고 정혜를 부탁하네."

어머니는 치맛자락이 찢어진 채 끌려가면서도 나를 보고 눈물을 흘렸다. 순심이 아범은 부모님이 끌려간 관아에 따라갔고, 청주댁은 나와 순심이를 지켰다.

그렇게 일주일, 이 주일이 지났다. 나는 아무것도 먹고 싶지 않았지만 청주댁이 부모님을 만나려면 잘 먹어야 한다며 꾸역꾸역 밥을 먹였다.

"순심아. 너랑 나랑 평등하게 친구처럼 지내야 한다는 천주님 말씀이 왜 나쁘다고 하는 걸까? 사람을 차별하면 안 된다고 가르치는 게 왜 잡혀가야 하는 일인 거지?"

"모르겠어요, 아씨. 주인어른과 마님이 도대체 무슨 죄가 있다는 건가요? 얼마나 좋으신 분들인데요."

내 말에 순심이는 울면서 고개만 저었다.

이 주일 후, 어머니는 다리를 절뚝거리며 집으로 돌아왔다. 아버지는 참수(목을 베어 죽임)를 당하시고 어머니는 매질을 당하셨다. 하인들은 뿔뿔이 흩어졌고 번듯한 양반집이었던 우리는 집도 재산도 모두 잃었다. 어머니는 나를 데리고 큰집으로 가셨다.

큰집에서는 죄인의 가족이라며 우리를 달가워하지 않았다.

"죽은 듯이 조용히 살거라."

큰아버지의 말씀에 어머니와 나는 말없이 고개만 끄덕였다. 쫓겨나지 않은 것만으로도 다행으로 생각해야 했다.

어머니와 나는 하인들이 쓰는 별채의 작은 방을 썼다. 양반집 마님이었던 어머니는 하인들과 같이 부엌일을 했고, 큰어머니는 당연한 듯 어머니를 부렸다.

밤이 되면 어머니와 나는 무릎을 꿇고 기도했다.

"천주님, 아버지의 영혼을 당신 곁으로 불러 주시고 저희가 힘든 생활을 잘 이겨 내게 해 주십시오."

기도문을 외우다 하인들에게라도 들키는 날에는 집에서 쫓겨날 줄 알고 큰아버지에게 야단을 맞았다. 하인들까지 우리를 죄인 취급하고 더러운 짐승을 보듯 했다.

숨이 막히도록 답답하고 서러운 나날이었다. 그렇게 눈칫밥을 먹은 지 1년이 넘었을 때 반가운 사람이 찾아왔다. 옹기장수로 나타난 순심이 아버지였다.

"마님, 저희 가족도 모두 교인이 되었어요. 교인들이 모여 사는 교우촌이 있어요. 거기서 우리와 함께 살아요. 모두 박해를 피해서 숨어든 사람들이에요."

어머니와 나는 순심이 아버지를 따라 아래 지방으로 내려갔다. 청주댁과 순심이는 우리를 보고 반가워서 껴안고 엉엉 울었다.

"여기도 교인이 아닌 사람이 있으니 조심해야 합니다."

순심이 아버지의 말에 어머니가 고개를 끄덕였다.

"그래요. 이젠 마님이나 아씨라고 불러서는 안 돼요. 우리는 그냥 순심이네 친척으로 조용히 살게요."

교우촌의 많은 교인들은 옹기를 만들었다. 솜씨가 좋아 옹기장이로 자리 잡은 순심이 아버지는 교우들에게 어머니와 나를 소개했다.

글자를 읽고 쓸 줄 아는 어머니와 나는 기도서와 책을 베껴 썼다. 그러면 순심이 아버지와 청주댁, 아니 순심이 어머니가 그것을 교인들에게 팔기도 하고 나눠 주기도 했다.

나는 아직도 이해가 되지 않았다. 우리는 믿음이 다른 사람에게 아무런 피해를 주지 않는데 왜 죄인처럼 숨어 살아야 하는지 말이다.

"조선은 유교를 믿는 나라야. 그래서 제사를 아주 중요하게 여기지. 천주교는 천주님을 믿기 때문에 조상신을 모시는 제사를 지내지 않아. 그래서 나라의 전통을 해치는 나쁜 종교라고 나라에서 금한 거란다."

하지만 어머니의 설명도 내게는 충분하지 않았다.

"조선 시대 전에는요? 그때는 유교가 아니었어요?"

"그전에는 불교를 믿었어. 조선이 유교를 믿게 되자 불교를 억압했고 그래서 절이 대부분 산으로 들어갔단다."

어머니의 말씀을 들은 나는 나라의 종교가 시대에 따라 바뀔 수도 있다는 것을 알게 되었다.

교우촌에서 살았지만 마음 편히 신앙생활을 할 수 있는 것은 아니었다. 잡혀갈까 늘 가슴 졸여야 했다. 어떤 사람은 우리가 천주교를 믿는다는 것을 알고 있다며 옹기값을 떼먹기도 했다. 고발당할까 두려워 매를 맞고도 참아야 하는 순간도 있었다. 단지 다른 종교를 믿는다는 이유로 온갖 서러움과 고통을 당해야 했다.

그렇게 몇 년이 흐른 어느 날이었다. 교우촌의 누군가가 배교(믿던 종교를 배반함)하면서 교인들이 잡혀갔다. 모진 매질에 한 명씩 털어놓다 보니 굴비 엮듯이 교인들이 줄줄이 끌려갔다.

십자가가 짓밟히고 베껴 쓴 기도서가 찢겨 흩어졌다.

결국 순심이네도 어머니와 나도 감영(조선 시대 각 도의 관찰사가 살던 관청)으로 끌려가서 매질을 당했다.

"나라를 어지럽히는 사교를 믿는 흉악한 무리들이구나. 서양 귀신을 믿다니. 너희 죄가 무거워 살려 둘 수가 없다."

"무슨 말씀이시오. 우리는 아무 해도 끼치지 않았소. 내 믿음이 어찌 죄가 된단 말이오?"

어머니는 고문을 당하면서도 당당하게 맞서서 이야기했다. 결국 어머니는 피투성이가 되도록 맞은 채 감옥으로 끌려갔다. 끌려온 많은 사람들이 모진 고문에 목숨을 잃었다.

나와 순심이도 매를 맞고 옥에 갇혔다.

"순심아, 어머니와 네 부모님은 살아 나가실 수 있을까? 오랜 시간을 감옥에서 보내야 할지도 몰라. 우리도 무사하긴 힘들겠지?"

순심이는 매를 맞아 피가 흐르는 허벅지를 문지르며 내 말에 눈물을 흘렸다.

"세상천지에 다른 종교를 믿는다고 이렇게 때리고 죽인단 말이야?"

우리 둘은 부모님 생각에 한참을 울었다. 나는 정신을 차리고 순심이에게 말했다.

"순심아, 우리 기도하자. 우리 후손들은 이런 세상에서 살지 않도록 말이야. 천주님을 믿어도 매질당하지 않고 박해받지 않는 세상이 오도록 기도하자."

"그래, 정혜야. 나중에는 우리 같은 아이들이 없었으면 좋겠어. 모든 종교를 자유롭게 믿는 세상이 왔으면 좋겠어. 누구를 믿든 차별받지 않고 고통스럽지 않아도 되는 세상 말이야."

나와 순심이는 두 손을 모으고 우리의 소망대로 세상이 바뀌길 간절히 기도했다.

종교 때문에 전쟁이 일어나요

　인류의 역사를 살펴보면 전쟁의 원인 중 가장 큰 것은 바로 영토와 종교 때문입니다.

　종교 전쟁은 이슬람교와 기독교 사이에서 가장 많이 일어났습니다.

　지금은 이스라엘의 땅인 예루살렘은 유대교, 이슬람교, 기독교에서 중요하게 생각하는 장소입니다. 세 종교의 뿌리가 같기 때문에 그렇지요. 그래서 옛부터 예루살렘을 서로 차지하려고 전쟁을 벌였습니다.

　11세기 말부터 13세기 말까지 유럽의 기독교인들이 예루살렘을 정복하기 위해 벌인 전쟁은 십자군 전쟁으로 불리며 오랫동안 진행되었습니다.

그 밖에도 독일에서 일어난 30년 전쟁은 개신교와 천주교 사이에서 일어난 대표적인 종교 전쟁입니다.

아직도 세계 곳곳에서는 종교로 인한 전쟁이 끊이지 않고 있습니다. 종교의 의미는 서로를 돕고 사랑하며 세상을 바르고 평화롭게 만드는 것인데 사람들은 이 종교 때문에 전쟁을 하니 정말 잘못된 일이지요.

서로의 종교를 이해하고 받아들이는 마음을 가진다면 세상은 훨씬 더 평화로워질 것입니다.

우리나라에서도 종교 차별이 있었나요?

지금 우리나라는 종교의 자유가 있습니다. 그래서 어떤 종교든지 자신의 마음대로 선택해서 믿을 수가 있지요.

하지만 옛날에는 그렇지 않았습니다. 불교는 삼국 시대에 우리나라에 들어왔습니다. 백제와 고구려에 비해 신라에서는 불교가 쉽게 받아들여지지 않았습니다. 그러다 법흥왕 때 이차돈의 순교로 신라는 불교 국가가 되었지요.

그렇게 삼국 시대를 거쳐 고려 시대까지 우리나라는 불교 국가였습니다. 이후 조선 시대가 되자 공자의 사상을 믿는 유교를 나라의 종교로 삼았습니다. 그래서 절은 모두 산속으로 들어가게 되었고, 불교를 믿는 사람들은 몰래 절에 다녀야 했지요.

조선 중기 이후에 중국으로부터 서양 문물이 전해지면서 서학이라고 부르는 천주교가 들어왔습니다. 이후 조선 후기에 천주교가 널리 퍼지자 이를 막기 위해 조선의 조정에서는 천주교 신자들을 감옥에 가두고 죽이기까지 했어요.

이제는 헌법에 종교의 자유가 나와 있듯이 직접 행해지는 종교 차별과 박해는 없습니다. 하지만 여전히 특정 종교에 대해 차별하거나 자기와 다른 종교를 무시하는 경우가 많습니다.

진정한 종교인이라면 다른 사람의 종교도 존중하며 서로 사랑해야겠지요.

수빈이의 일기

얼마 전에 우리 반에 전학을 온 혜나와 급식 시간에 나란히 앉게 되었다. 혜나는 맛있는 돼지불고기를 손도 대지 않았다.
"혜나야? 너 고기 안 먹어?"
"응. 돼지고기는 안 먹어."
"그럼 내가 먹어도 돼? 나는 돼지불고기를 아주 좋아하거든."
혜나는 내 말에 웃으며 식판을 내 쪽으로 밀었다. 혜나는 내 얘기를 잘 들어 주고 웃기도 잘했다. 혜나와 친해진 것 같아 기분이 좋았다.
그런데 며칠 후, 우리 반 누군가가 혜나가 이슬람 사원으로 들어가는 걸 봤다고 했다.
"맞아, 나 이슬람교 믿어."
교실이 갑자기 조용해졌다.
"이슬람교? 사우디아라비아나 그쪽 사람들이 믿는 이슬람교 말이야? 너 한국 사람이잖아."
진우의 말에 아이들은 진우와 혜나를 번갈아 가며 쳐다보았다.
"한국 사람 중에도 이슬람교를 믿는 사람들이 있어. 우리 가족 모두 이슬람교 신자야."

아이들이 혜나 주위로 몰려들었다.

"어, 이슬람교는 다른 나라에 막 테러하는 데 아니야? 왜 위험한 종교를 믿어?"

"여자를 무시하는 종교잖아. 여자들은 얼굴에 보자기 같은 거 쓰고. 너는 왜 안 써?"

"이슬람교는 돼지고기 안 먹지? 안 먹는 거 많던데."

아이들의 질문이 끝도 없이 이어졌다. 혜나는 각오했다는 듯이 한숨을 쉬고 이야기했다.

"돼지고기 안 먹는 거 맞아. 우리는 할랄 음식만 먹어. 너희들이 말하는 보자기는 히잡이라고 부르는 건데 나는 평소에는 쓰지 않고 사원 갈 때만 써. 테러하는 사람들은 이슬람교 신자 중에서 일부야. 우리도 테러리스트들을 싫어해."

혜나가 아이들의 질문에 하나씩 대답했는데도 아이들은 계속 수군거렸다. 며칠 동안 혜나는 급식 시간에 혼자서 밥을 먹었다. 나는 혜나를 어떻게 대해야 할지 몰랐다.

외할머니 생신이어서 우리 가족은 주말에 외할머니 댁에 갔다. 식탁 위에 외할머니의 염주와 이모의 묵주가 나란히 걸려 있었다.

"와, 이 집도 종교가 섞여 있네요. 우리 집도 십자가 옆에 불상이 놓여 있거든요."

아빠가 엄마와 나를 보고 웃으며 말했다. 엄마는 외할머니와 함께

절에 다니고 나는 아빠와 교회에 다닌다.

나는 이모에게 헤나 얘기를 들려주었다.

"이슬람교를 좋아하지 않는 사람이 많대. 나도 조금 무섭긴 해."

"수빈아, 네가 이슬람교를 좋아하지 않아도 돼. 하지만 이슬람교를 믿는 친구를 싫어하거나 차별하는 게 옳을까? 더구나 네가 친하게 지내고 싶어 하는 친구인데 말이야."

곰곰이 생각해 보니 이모 말이 맞다. 이슬람교 신자인 헤나가 아닌 우리 반 친구 헤나로 대하는 것이 먼저다. 헤나의 종교보다 헤나가 나랑 친하고 싶은지가 더 중요하지 않을까?

꼭 남자답고, 여자다워야 하는 걸까요?

(성차별)

공부하다 죽을 뻔한 수학자, 소피 제르맹

1776년 프랑스 파리에서 태어난 소피는 부유한 집안의 딸이었다. 소피가 어린 시절, 프랑스는 정치적으로 혼란스러운 시기여서 바깥출입이 자유롭지 못했다.

집 안에만 있어야 했던 소피는 하루 종일 책 읽기와 수학 공부로 시간을 보냈다.

"무슨 여자아이가 저렇게 공부를 좋아하지? 그것도 수학을 말이요."

"그래도 답답해하지 않고 집 안에서 잘 지내니 다행이에요. 책을 더 사 줘야겠어요."

소피의 부모님은 열심히 공부하는 소피가 기특해서 수학책을 많이 사 주고 수학자들을 집으로 초대하기도 했다. 소피는 수학 공부에 점점 매력을 느끼며 빠져들었다.

소피가 열세 살이 되던 어느 날이었다. 소피는 그날도 읽을 책을 고르기 위해 아버지의 서재에 들어갔다. 평소에 수학에 관심이 많았던 소피는

《수학의 역사》라는 책을 골랐다. 그러고는 정신없이 읽기 시작했다. 소피의 마음을 사로잡은 내용은 고대 그리스의 수학자인 아르키메데스의 이야기였다. 아르키메데스는 로마 군인이 목에 칼을 대고 끌고 가려 하자 수학 문제를 풀어야 한다며 야단치다 그만 목숨을 잃었다.

"기하학이 얼마나 재미있으면 그런 상황에서까지 문제를 풀고 있었을까? 이런 수학 천재가 무지한 로마 병사에게 죽임을 당하다니 너무나 화나고 억울해."

아르키메데스의 이야기에 깊은 감명을 받은 소피는 수학자가 되기로 결심

했다. 하지만 소피가 수학자가 되겠다고 하자 그동안 소피의 공부를 응원하던 부모님이 깜짝 놀라 반대했다.

"소피야, 여자가 수학자라니! 그런 직업은 여자답지 못해. 여자는 결혼에 필요한 교양이나 배우면 되지 너무 똑똑하면 안 된단다."

당시에는 여자가 공부를 많이 해서 똑똑해지는 것을 싫어하는 사람들이 많았기 때문이다.

"하지만 전 수학 공부가 너무나 좋은걸요. 잠시라도 수학 공부를 하지 않으면 살 수가 없을 것 같아요."

소피의 부모님은 아직 어린아이였던 소피가 공부를 더 하지 못하게 책을 모두 치워 버렸다. 그뿐만이 아니었다. 낮에는 책을 읽지 못하도록 감시하고 밤에는 등잔불을 켜지 못하게 했다.

하지만 그 어떤 것도 소피의 열정을 막을 수는 없었다.

소피는 밤이 되면 자는 척하며 숨겨 놓은 책과 촛불을 가지고 다락방으로 올라갔다. 잠옷을 입은 채 이불을 뒤집어쓰고 추위에 벌벌 떨며 밤새 수학 공부를 하다 새벽에 자기 방으로 돌아와 잤다.

그러던 어느 날, 소피가 그만 다락방에서 잠이 들고 말았다. 이 사실을 알게 된 소피의 부모님은 크게 걱정했다.

"소피, 온몸이 꽁꽁 얼었잖니! 큰일 날 뻔했어."

"공부하다 얼어 죽을 뻔하다니! 잠옷에 이불을 두르고 이 추운 다락방에서 공부를 했구나."

"안 되겠어요. 어차피 여자가 수학 공부를 할 수 있는 학교도 없으니 집에서라도 하게 둡시다."

소피의 부모는 그 일 이후 하는 수 없이 다시 책을 내어 주고 편히 공부하게 해 주었다.

덕분에 소피는 마음 편히 공부할 수 있었지만 학교에 다니며 더 수준 높은 공부를 하고 싶은 욕심이 생겼다.

소피가 열아홉 살이 되었을 때 파리에 수학과 과학을 공부하는 최고 교육 기관이 세워졌다. 하지만 여자인 소피는 대학에 진학할 수가 없었다.

"라그랑주 교수는 정말 유명한 수학자야. 그분의 강의를 들을 수 있다면 얼마나 좋을까?"

소피는 라그랑주 교수의 강의를 듣고 싶어서 공과 대학에 다니는 학생들의 강의 노트를 얻어다 혼자 공부했다.

"소피, 우리 학교에 르블랑이라는 학생이 다녔는데 얼마 전에 그만두었대."

"그래? 그럼 르블랑이라는 이름으로 과제물을 내 볼까? 라그랑주 교수님께 내가 그동안 공부한 것을 평가받고 싶었거든."

친구의 말을 들은 소피는 학교에 다니지 않으면서도 르블랑이라는 이름으로 과제물을 냈다. 여자이기 때문에 학교에 다니지 못하고, 자신의 이름으로 과제도 낼 수 없었지만 소피는 공부를 멈추지 않았다.

"아니, 이렇게 뛰어난 학생이 있다니! 누군지 꼭 만나 봐야겠군."

소피의 과제를 받은 라그랑주 교수는 깜짝 놀랐다. 그리고 르블랑이라는 학생이 누군지 찾기 시작했다.

"교수님, 르블랑은 사실 소피 제르맹이라는 여자입니다. 학교에 다닐 수가 없어 르블랑이라는 이름으로 자신이 공부한 것을 과제로 낸 것이에요."

학생들에게 소피에 대해 들은 라그랑주 교수는 당장 소피를 찾아갔다.

"자네처럼 똑똑한 사람이 공부를 할 수 없다는 것은 나도 정말 속상하군. 자네가 계속 공부를 할 수 있도록 내가 돕겠네."

라그랑주 교수는 소피에게 읽을 책과 논문을 알려 주고 공부를 직접 가르쳐 주거나 편지로 문제 풀이를 해 주기도 했다.

소피는 그 후로도 독일의 유명한 수학자인 가우스와 편지를 주고받으며 수학 연구에 깊이 빠져들었다. 소피의 수학 연구 내용이 알려져 소피는 수학자로서 사람들의 인정을 받기 시작했다. 모두들 소피가 여자라는 사실에 놀라워하긴 했지만 그 업적이 워낙 뛰어났기 때문에 인정하지 않을 수가 없었다.

소피는 소수(1과 자기 자신으로만 나눠지는 수) 중에서 특별한 성질을 가진 소수를 발견했다. 소수에 2를 곱한 다음 1을 더하면 다시 소수가 되는 숫자가 있었던 것이다.

"3에다 2를 곱하면 6. 거기에 1을 더하면 7이 나오는데 7은 소수야. 다른 숫자도 그런지 볼까? 소수 11에 2를 곱하면 22야. 여기에 1을 더하면 23인데, 23도 소수잖아."

소피는 1부터 100까지의 숫자 중 이렇게 계산해서 나오는 소수가 2, 3, 5, 11, 23, 29, 41, 53, 83, 89로 모두 열 개가 있다는 사실을 발견했다. 사람들은 소피의 연구에 놀라며 훗날 그 숫자들을 소피 제르맹의 소수라고 불렀다.

하지만 여전히 많은 사람들은 수군거렸다.

"소피 제르맹은 결혼도 하지 않고 수학 공부만 한다지요? 정말 이상한 일이에요."

"세상에, 여자가 결혼하지 않고 공부를 하며 살다니. 불쌍한 사람이군요."

소피는 사람들의 손가락질을 모른 척하고 수학 연구에만 빠져들었다. 1816년 소피 제르맹은 프랑스의 과학 아카데미에서 열리는 공개경쟁 시험에 자신의 연구 결과가 담긴 논문으로 상을 받게 되었다. 물론 여자인 소피에게 상을 줄 수 있느냐로 많은 학자들이 논쟁을 벌이기도 했다.

소피는 여성으로는 처음으로 과학 아카데미가 주는 상을 받았다. 비록 여자이기 때문에 과학 아카데미의 회원은 될 수 없었지만 모임에 참석할 수 있는 최초의 여성이 되었다.

암으로 세상을 떠나기 전까지 소피는 유명한 '페르마의 마지막 정리' 등 사람들이 풀지 못한 문제들을 해결했다. 그리고 수학뿐만 아니라 과학, 지리학, 역사학, 철학 등 많은 분야에서 뛰어난 연구를 해서 업적을 남겼다.

프랑스 정부는 소피가 죽었을 때 수학자가 아닌 '직업 없이 혼자 사는 여자'라는 공식 기록을 남겼다. 그때까지도 소피는 뛰어난 능력에 대한 대접을 받지 못했던 것이다.

물론 오늘날에는 소피 제르맹의 연구 업적이 제대로 다시 평가되어 지금 파리에는 소피 제르맹의 거리가 있고, 에콜 소피 제르맹이라는 학교도 세워졌다.

여자라는 이유로 학교에 가지 못하고 공부도 하기 힘들었던 소피 제르맹. 이제는 그가 위대한 수학자로 우뚝 서서 많은 사람들에게 존경을 받고 있다.

유리 천장이란 무엇일까요?

유리 천장이라는 말을 들어 본 적이 있나요? 유리로 된 천장은 투명해서 보이지는 않지만 올라갈 수 없게 막혀 있는 벽이지요.

유리 천장은 여성이 조직 내에서 높은 자리에 오르기 힘든 장벽이 있다는 말입니다. 여성이라는 이유로 보이지 않는 차별을 받아서 승진이 어렵다는 뜻이지요.

충분한 능력과 성과를 보였음에도 불구하고 여성이라는 이유로 직장이나 조직 내에서 차별을 받는 사람이 많습니다. 특히 높은 자리로 승진하는 것은 더 어려워 대부분의 회사에서 높은 위치에 있는 사람들은 남자가 많지요. 아직 우리 사회는 남성 중심의 조직 문화가 발달해 있기 때문입니다.

성별로 차별하지 않고 여자와 남자가 동등하게 기회를 부여받고 실력을 평가받는다면 그 조직은 더 발전할 수 있답니다.

우리 사회에서 보이지 않는 차별을 의미하는 유리 천장이 사라져 평등하고 공정한 세상이 되길 바랍니다.

성 인지 감수성에 대해 알아보아요

　요즘 뉴스에서 성 인지 감수성이라는 말이 자주 나오고 있어요. "어렸을 때부터 성 인지 감수성을 키워야 한다, 성 인지 감수성이 부족해서 생기는 일이다." 하는 말을 쉽게 들을 수가 있지요.

　성 인지 감수성이란 다른 성, 즉 여성은 남성의 입장에서, 남성은 여성의 입장에서 차별을 느끼는 정도를 말합니다.

　성 인지 감수성이 부족하면 차별과 불평등이 생기고 심하면 성희롱 같은 성범죄가 생길 수도 있습니다.

　자신은 별문제가 되지 않는다고 생각해서 말하고 행동했는데 상대방이 듣기에 매우 불쾌하고 수치심이나 차별을 느꼈다면 성 인지 감수성이 부족한 것입니다.

　성 인지 감수성을 높이려면 나와 다른 성을 가진 사람을 인간으로서 존중하고 배려하는 마음가짐이 필요합니다. 자신과 다른 사람의 몸과 마음을 소중하게 생각하고, 나와 다른 생각을 할 수 있다는 것을 인정해야 하지요.

　성 평등은 남성과 여성 모두의 노력과 이해, 교육과 실천으로 이루어질 수 있습니다.

책, 광고, 드라마에서 성차별이 많이 나와요

우리에게 많이 알려진 동화 〈신데렐라〉〈백설공주〉〈잠자는 숲속의 공주〉의 공통점은 무엇일까요? 모두 예쁜 여자가 왕자가 구해 주길 기다리다 왕자를 만나 행복해지는 이야기입니다.

우리가 읽었던 많은 이야기들이 성차별이나 여성에 대한 잘못된 생각을 보여 주고 있습니다.

〈우렁 각시〉〈선녀와 나무꾼〉〈콩쥐 팥쥐〉와 같은 전래 동화에서도 그 경우를 볼 수 있습니다. 〈우렁 각시〉에서는 예쁘고 착한 여자가 나타나 집안일을 다 해 놓고 남자를 기다립니다. 〈선녀와 나무꾼〉은 목욕하는 선녀를 훔쳐보는 것도 죄인데 나무꾼이 선녀의 옷을 훔쳐 강제로 결혼까지 하지요.

동화뿐만 아니라 우리가 쉽게 접하는 텔레비전 드라마, 영화, 광고에서도 성차별을 하는 모습을 볼 수 있어요. 예를 들면 연약한 여자가 남자의 도움을 받는 모습이나 여자는 앞치마를 입고

요리하고 남자는 양복이나 작업복을 입고 있는 모습이 그렇지요.

  우리는 이렇게 여러 매체들을 통해 성차별적인 모습을 자연스럽게 계속 받아들이고 있는 셈입니다.

하율이의 일기

하린이는 나보다 5분 먼저 태어난 쌍둥이 누나다. 부모님은 누나라고 부르라고 했지만 나는 하린이라고 부른다. 하린이도 누나라고 부르는 건 싫다고 했다.

하린이는 나보다 키가 크고 몸무게도 더 나간다. 하린이는 운동을 좋아하고 나는 책 읽는 것을 좋아한다.

여름 방학이라 시골에 놀러 갔을 때 일이다.

나는 빨간색 티셔츠를 입고 하린이는 하늘색 티셔츠를 입고 갔다. 할아버지, 할머니는 우리 둘의 옷 색깔이 바뀌었다고 했다.

"아니에요. 하린이는 하늘색과 연두색을 좋아하고 저는 빨간색과 오렌지색을 좋아해요."

할아버지는 눈살을 찌푸리셨다.

그날 밤에 방 안으로 땅강아지(나는 그것이 땅강아지라는 것을 나중에 들었다.) 두 마리가 들어왔다. 나는 깜짝 놀라 할아버지를 불렀다. 무서워서 방구석에서 꼼짝 않고 있는 나를 보고 할아버지가 혀를 차셨다.

"사내 녀석이 벌레를 보고 호들갑을 떨다니. 이런 건 손으로 잡아서 밖으로 던지면 되잖니. 자, 잡아 봐."

할아버지가 땅강아지를 내 팔에 올리는 바람에 나는 소스라치게 놀라 비명을 질렀다.

"할아버지, 하율이는 벌레를 무서워해요. 그러지 마세요."

하린이가 얼른 다가와 땅강아지를 떼어 밖으로 던졌다. 겨우 숨을 몰아쉬고 있는데 나도 모르게 눈물이 찔끔 났다.

"이런 한심한 녀석을 봤나. 벌레가 무서워 벌벌 떨고 그것도 모자라 눈물까지 흘려? 사내대장부가 그렇게 겁이 많고 눈물이 많으면 어디다 쓰겠냐. 그리고 하린이 너는 무슨 여자애가 겁이 없어. 네가 그렇게 선머슴 같으니 하율이가 기가 죽지."

할아버지와 할머니는 나와 하린이를 못마땅한 표정으로 보며 나가셨다.

"치, 남자가 벌레 무서워할 수도 있지. 남자는 다 용감하고 힘이 세야 되나?"

내 말에 하린이도 맞장구쳤다.

"맞아. 남자라고 울지 말라는 법 있어? 여자만 우나? 하율이 너는 감성이 풍부해서 잘 우는 거야. 책 읽다가도 울잖아. 근데 그게 나쁜 거야?"

역시 내 편은 같이 엄마 배 속에 있었던 하린이뿐이다.

남자는 왜 벌레를 무서워하면 안 되지? 왜 울어서도 안 되는 걸까? 그리고 여자는 겁이 없으면 안 되나? 나는 하린이 때문에 기죽은 적

없는데. 도대체 여자이기 때문에, 남자이기 때문에 해야 하는 것과 하지 말아야 하는 것이 왜 이렇게 많은 거지?

　남자답다, 여자답다는 말이 없어졌으면 좋겠다. 그냥 사람답다고 하면 안 될까?

　'남자라서, 여자라서' 또는 '남자니까, 여자니까' 그런 말로 구분하지 않고 있는 그대로의 나로 바라봐 주면 좋겠다.

누구나 아이였고, 노인이 됩니다
(나이 차별)

여든 살이 된 스물여섯 살의 디자이너

스물여섯 살의 패트리샤 무어는 할머니네 집에 갔다가 안타까운 사실을 알게 되었다. 요리를 좋아하던 할머니가 더 이상 요리를 하려고 하지 않는다는 것이었다.

"할머니, 요즘은 왜 요리를 하지 않으세요? 예전에는 저한테 늘 맛있는 것을 만들어 주셨잖아요."

"패트리샤, 내가 늙었잖니. 나는 냉장고 문을 열기도 힘들어. 젊었을 때는 몰랐는데 이제 냉장고 문도 무겁더구나. 그뿐만이 아니야. 가위를 쓰는 것도 냄비를 다루는 것도 힘들단다. 근데 맛있는 음식을 만들고 싶은 마음은 여전해."

패트리샤는 할머니가 속상해하시는 모습을 보고 깊은 생각에 빠졌다. 디자이너로 일하던 패트리샤는 회사에 노인도 쉽게 열 수 있는 냉장고 디자인을 만들자고 제안했다.

"패트리샤, 우리는 노인을 위한 디자인을 하는 게 아니야. 잘 팔릴 만한 물건을 만들어야 한다고."

하지만 회사에서 가장 어렸고, 유일한 여성 디자이너였던 패트리샤의 말에 누구도 귀를 기울이지 않았다.

'노인도 물건을 사는 사람인데 그들을 위한 디자인도 있어야 하지 않을까? 오히려 노인들에게 특별한 디자인의 물건들이 더 필요할 거야.'

패트리샤는 자신의 할머니를 떠올리며 마음먹었다.

"많은 사람들이 편하게 사용할 수 있는 물건을 디자인하는 것도 디자이너의 사명이야. 내가 노인들을 위한 물건들을 디자인해 보겠어."

패트리샤는 노인들을 관찰하기도 하고 설문 조사도 했지만 그것으로는 노인들의 생활을 세심하게 알 수가 없었다.

의욕이 넘쳤던 패트리샤는 결심했다.

"좋아. 내가 노인이 되어 보는 거야. 노인 흉내가 아닌 진짜 노인 말이야."

패트리샤는 변장을 도와주는 전문가에게 부탁해 3시간 동안 노인 분장을 했다. 그리고 진짜 노인처럼 되기 위해 잘 들리지 않도록 귀를 솜으로 막고 눈에 맞지 않는 안경을 써서 잘 보이지 않도록 했다. 팔과 다리에 붕대와 철제 보조 장치를 이용해서 몸을 실제 노인처럼 힘이 없고 잘 걷지 못하는 상태로 만들었다. 그리고 더 다양한 삶을 경험해 보기 위해 거지 노인, 하녀를 부리는 부잣집 노인 등 아홉 명의 노인이 되어 보기로 했다.

여든 살의 노인이 된 패트리샤는 지팡이와 보행 보조기를 사용하거나 휠체어를 타고 이동했고 버스, 지하철, 택시, 비행기를 모두 타 보았다.

패트리샤는 노인이 되어 영화를 보고 레스토랑에서 음식을 먹기도 하며 젊은 사람들이 하는 것처럼 살아 보려고 했다. 하지만 노인이 된 후로는 젊은 시절처럼 살기가 너무 힘들었다. 스물여섯 살의 나이에는 10분이면 걸었던 거리였는데 한 시간이 걸렸다.

"세상에, 이렇게 멀었나. 다음에는 택시를 타야겠어."

패트리샤는 1979년 5월부터 1982년 10월까지 3년 5개월 동안 여든 살의 노인으로 지내면서 미국과 캐나다를 돌아다녔다. 아주 작은 마을부터 큰 도시까지 총 116개의 도시를 다니며 많은 경험을 했다.

패트리샤는 노인으로 살아 보니 걷고 움직이는 것부터 병뚜껑을 여는 사소한 것까지 혼자서 할 수 없는 것들이 많다는 것을 깨달았다.

버스에 타고 싶어도 계단이 높아 오르지 못했고 빈 택시들은 노인인 그를 그냥 지나쳐 버리기도 했다.

식당 문을 혼자서 열지 못해 누군가 도와줄 때까지 기다려야 했고, 횡단보도를 건널 때는 아무리 빨리 걸어도 보행자 신호가 끝날 때까지 건너편에 도착하지 못했다.

혼자서 추운 날 공원 화장실을 이용할 때는 너무 불편해서 두렵기까지 했다.

'이 세상은 젊은 사람 위주로 만들어져 있구나. 노인들에게 불편한 것이 너무 많아.'

패트리샤는 불편하게 느낀 것을 모두 꼼꼼하게 적어 두었다. 노인이 되어 사는 것은 시설을 이용하거나 물건을 다루지 못해 불편한 것뿐만이 아니었다.

여든 살의 노인이 된 패트리샤는 젊은 모습의 패트리샤는 당하지 않았을 일들을 겪어야 했다.

"할머니, 연세가 많으신 분이 뭘 그렇게 돌아다니세요."

"노인분이 왜 이런 것까지 하려고 그러세요."

사람들은 노인이라는 이유로 패트리샤를 차별하고 무시했다.

"노인으로 사는 것이 이렇게 힘든 일인 줄 몰랐어. 사람들은 스물여섯 살인 나와 여든 살의 나를 대하는 태도가 너무나도 달라."

패트리샤는 노인들도 젊었을 때처럼 살고 싶을 거라고 생각했다. 그래서 그렇게 살아 보려고 했지만 세상은 노인과 젊은이를 너무나도 차별했다.

"내가 상상도 못 했던 일들이 너무 많구나. 내가 직접 노인으로 살아 보지 않고는 절대 알 수 없는 일들이 많았어. 이제 노인들이 겪는 문제를 해결할 물건들을 만들겠어."

3년을 넘게 실제 노인처럼 산 패트리샤는 다시 젊은 디자이너로 돌아왔다. 돋보기를 벗고 다리에 칭칭 감은 철제 보조 기구를 떼고 나니 몸이 새처럼 가벼워졌다. 하지만 패트리샤는 노인으로 살았던 시절을 절대 잊지 않았다. 그동안 자신이 직접 겪고 느꼈던 것들을 가지고 새로운 디자인을 하기로 했다.

"무거운 짐 가방을 드는 것이 너무 힘들었어. 가방을 저절로 움직이게 할 수는 없을까? 그래, 가방에 바퀴를 다는 거야."

"버스를 탈 때 계단을 오를 수가 없었어. 차체 바닥이 낮고 계단 대신 경사판이 있으면 노인들도, 휠체어를 탄 장애인들도 버스에 오르고 내리기가 편할 거야."

패트리샤는 노인들을 위한 디자인을 계속 만들어 냈다. 손힘이 약한 사람도 쉽게 들고 옮길 수 있도록 손잡이가 설계된 주방 용품, 물이 다 끓으면 삐 소리가 나는 주전자 등 모두 노인이나 몸이 불편한 사람들이 이용하기 편한 물건들이었다.

패트리샤가 디자인한 물건들은 곧 큰 사랑을 받았다. 사용하기 편하고 힘이 들어가지 않는 디자인의 물건들은 노인들만 좋아하는 것이 아니었다. 어린아이부터 노인, 젊은이들까지 편한 물건을 좋아했다.

차체가 낮고 경사대가 있는 저상 버스는 노인, 장애인, 유모차, 다리를 다친 사람까지 모두가 편하게 이용할 수 있었다. 힘이 들지

않는 감자 깎는 칼은 노인뿐만 아니라 음식을 만드는 사람이라면 모두 사고 싶어 했다.

패트리샤 덕분에 노인들은 나이가 들어가며 점점 줄였던 외출과 요리를 더 즐길 수 있게 되었다.

"나이와 상관없이 사람들은 자신의 삶에서 중요한 것을 스스로 선택할 수 있어야 합니다. 나이 때문에 내가 하고 싶고 소중하게 여기는 것을 포기해서는 안 되지요."

패트리샤의 디자인은 노인이 세상으로부터 차별받고 있음을 많은 사람들에게 일깨워 주웠다. 그리고 노인을 배려한 디자인으로 나온 물건과 시설 덕분에 노인들뿐만 아니라 약자들에게 더 나은 세상으로 바뀌어 가고 있다.

나이 때문에 들어가지 못하는 곳이 있다고요?

영유아나 어린아이를 동반한 손님을 받지 않는 곳을 가리켜 '노 키즈 존'이라고 부릅니다. 음식점이나 카페 등 일반 상점에서 어린아이 손님을 거절하는 것이지요.

어린아이들이 뛰어다니거나 소란을 피워 다칠 수 있고, 다른 손님들에게 피해를 줄 수 있으므로 일부 상점들이 노 키즈 존을 내세우고 있습니다.

이와 같은 이유로 중고등학생들의 출입을 금하는 '노 스쿨 존'도 등장했습니다. 침을 뱉고 떠들며 무례하게 구는 일부 중고등학생들 때문에 일어난 일이었습니다.

노 키즈 존과 노 스쿨 존의 원인은 아이들을 제대로 돌보지 못한 일부 부모들과 가게에 피해를 줄 정도로 무례하게 행동한 일부 청소년들에게 있습니다.

하지만 많은 사람들은 이런 일 때문에 어린아이와 청소년 모두가 피해를 입어야 하는 것이 옳지 않다고 말합니다. 이것도 일종의 나이 차별이라는 것이지요. 나이와 상관없이 누구나 원하는 곳에서 음식을 먹고 마실 수 있는 권리가 있기 때문입니다.

물론 상점 주인과 다른 손님에게 피해를 주지 않기 위해 제한을 두는 것이 옳다고 생각하는 사람들도 많습니다.

하지만 무조건적인 금지보다는 먼저 서로의 입장을 이해하고 배려하는 마음가짐과 공공장소에서 예절을 지키려는 노력이 필요하지 않을까요?

서로 맞서는 것이 아닌 함께할 수 있는 길을 찾는 것이 평등한 세상으로 한 걸음 더 다가가는 방법일 테니까요.

나이에 대한 편견이 있나요?

우리나라 사람들이 만나 자기소개를 하면 가장 먼저 묻고 밝히는 것이 나이라고 합니다. 그만큼 많은 사람들이 나이로 사람을 판단하는 편견을 가지고 있습니다.

나이가 어리면 경험이 부족하다, 경솔하다는 생각을 하는 경우가 있고, 나이가 적은 사람에게 잔심부름을 시키는 것을 당연하게 여기기도 하지요.

나이 든 사람에 대한 편견도 많아요. 새로운 일을 배우는 데 느리고 열정이 없다고 생각하지요. 나이 든 사람은 무조건 다른 사람을 가르치려 들거나 고집이 세다고 믿는 사람들도 있어요.

이제 이렇게 바꾸어 생각해 보면 어떨까요?

나이 어린 사람은 순수하고 창의적이며 모험심이 강하고 열정이 넘친다고 말이에요. 그래서 실수를 하더라도 '아직 경험이 부족하니까'라고 이해하며 너그럽게 생각하는 거예요.

나이 든 사람은 신중해서 실수를 덜하고 일에 대한 경험이 많아 노련하게 일 처리를 한다고 생각해 봅시다.

젊은 세대와 노인 세대가 서로 편견을 가지고 대하는 대신 존중하고 소통할 수 있는 방법을 찾는다면 우리 사회에서 나이 차별은 사라질 것입니다.

다인이의 일기

"토요일인데 출근한다고?"
엄마의 목소리에 짜증이 묻어났다.
"어쩔 수 없잖아. 오늘 회사에서 갑자기 행사가 잡혀서……."
아빠가 출근하자 엄마는 밀린 집안일을 시작했다. 함께 쉬는 주말에 항상 집안일을 같이 했는데 오늘은 아빠가 출근해서 엄마가 조금 화가 난 모양이다.
"엄마, 내가 설거지할게. 나도 할 수 있어."
"아니야, 됐어. 네가 뭘 한다고 그래."
엄마는 손사래를 쳤다.
"내가 세탁기에서 빨래 꺼내서 널어 줄까?"
"너는 가만히 있는 게 도와주는 거야. 학원이나 가."
나는 엄마를 돕고 싶은데 엄마는 자꾸 내 도움은 필요 없다고 한다.
엄마는 혼자서 달그락거리며 설거지를 시작했다.
'치, 아이들은 왜 아무것도 모르고 아무것도 할 수 없다고 생각하는 거지? 어른들이라고 다 알고 다 맞는 건 아니잖아.'
배가 고팠는데 엄마가 기분이 좋지 않아 간식을 달라고 할 수 없었다. 나는 학원에 가기 전에 같은 건물 1층에 있는 햄버거 가게로 들어갔다.

햄버거 가게 안의 무인 계산기 앞에 몇 명이 줄 서 있었다.

사람들이 서성거리며 투덜대는 소리가 들려 고개를 빠끔히 내밀어 보았다. 할머니 한 분이 무인 계산기 앞에서 신용 카드를 들고 이것저것을 눌러 보고 계셨다.

'할머니가 무인 계산기 사용이 힘드신가 보다.'

나는 앞으로 나가서 할머니 옆에 서서 말했다.

"할머니, 제가 도와드릴까요?"

"그래 줄래? 눈이 어두워서 글씨가 잘 안 보이는구나."

할머니는 반갑게 웃으며 말씀하셨다.

"불고기 버거요? 이건 음료수가 같이 나오는 세트 메뉴예요. 더 추가하실 건 없으세요?"

나는 할머니에게 차근차근 물어보며 화면의 버튼을 눌렀다.

"이제 여기에 신용 카드를 넣으시면 돼요."

영수증이 나오자, 뽑아서 할머니께 드렸다.

"여기 쓰인 번호를 부르면 앞으로 가서 햄버거를 받으시면 돼요."

나는 할머니께 안내해 드리고 다시 뒷줄에 가서 섰다.

내가 내 햄버거를 주문하고 돌아서는데 할머니가 나를 기다리고 계셨다.

"애야, 고맙구나. 글씨가 작아서 잘 안 보이고 어떤 것은 화면을 눌러도 자꾸 안 되고 해서 몹시 당황했단다. 뒤에 사람들이 줄 서 있는 것을 보고 마음이 급해지니 더 못하겠더구나. 네가 도와줘서 덕분에 이렇게 밥 한 끼 먹을 수 있게 됐구나."

할머니는 내 번호가 불릴 때까지 계속 고맙다고 하시고는 나가셨다.

내가 할머니를 도왔다는 생각이 들어 뿌듯했다.

나한테는 쉬운 일인데 노인분들에게는 무인 계산기 사용이 어려운가 보다. 다음에도 할머니, 할아버지가 힘들어 하시면 도와드려야겠다.

그런데 왜 뒤에 있던 어른들은 할머니를 도와드리지 않고 투덜거리기만 했을까? 도와드리면 자기 차례도 훨씬 빨리 올 텐데 말이다.

학력이 높아야 성공할 수 있을까요?
(학력 차별 외)

세상에서 가장 맛있는 자장면

"할아버지!"

교문을 나오는 도윤이가 할아버지에게 손을 흔들었다. 월요일은 식당이 쉬는 날이라 할아버지가 도윤이를 마중 나온 것이다.

"미술 학원 바로 가야 해? 집에 가서 할애비가 먹을 것 좀 해 주랴?"

할아버지는 도윤이의 손을 다정하게 잡으며 말했다.

"아니에요. 시간이 없어서 학원 앞에서 떡볶이 사 먹고 갈래요."

할아버지와 도윤이는 학원까지 이야기를 나누며 걸어갔다. 도윤이는 학교에서 친구들과 다툰 얘기, 수업 시간에 재미있었던 얘기를 시시콜콜 늘어놓았다.

할아버지는 듣는 내내 미소를 지으며 도윤이를 보았다.

도윤이가 떡볶이를 시키고 자리에 앉으려고 할 때 서준이가 가게로 들어왔다. 서준이도 할아버지와 함께였다.

"할아버지, 저랑 같은 학원에 다니는 서준이에요."

서준이는 도윤이 할아버지에게 꾸벅 인사를 했다. 서준이의 소개에 도윤이도 서준이의 할아버지에게 인사를 했다.

서준이와 도윤이가 같이 앉아 떡볶이를 먹자 할아버지들도 서로 인사를 했다.

"은퇴하고 할 일이 없었는데 손자 녀석 보디가드로 취직했습니다. 허허허."

서준이 할아버지의 말에 도윤이 할아버지도 고개를 끄덕였다.

"우리 할아버지는 교수님이셨어. 제일 좋은 대학 박사까지 하셨거든."

서준이가 할아버지를 보며 씽긋 웃었다.

"우리 할아버지는 아주 유명한 중식당을 하셔. 체인점도 두 개나 내셨어."

도윤이도 할아버지 자랑을 했다.

"근데 할아버지는 어느 대학 나오셨어요? 음식 만드는 대학도 박사까지 있어요?"

도윤이의 물음에 할아버지는 어쩔 줄 몰라 했다.

"음식 만드는 데 무슨 박사 학위가 필요하겠니?"

"그렇지요. 음식은 공부해서 되는 것이 아니라 실력과 경험이란다."

서준이 할아버지가 도윤이 할아버지 말에 맞장구를 쳤다.

집에 돌아온 도윤이 할아버지는 할머니에게 한숨을 쉬며 좀 전에 있었던 일을 얘기했다.

"차마 그 자리에서 나는 중학교만 나왔다는 얘기를 할 수 없었어요. 우리 도윤이는 당연히 내가 대학을 나온 줄 아는데. 얘기했으면 도윤이가 친구 앞에서 창피했을 거야. 친구 할아버지는 박사 학위까지 딴 사람이라는데."

할아버지는 방에 걸린 가족들 사진을 보며 얘기했다.

"요즘은 대학 가는 사람이 많은 세상이라 도윤이가 별생각 없이 얘기했겠지요. 집안 형편이 어려워서 중학교 때부터 일한 것이 뭐 부끄러운 거예요? 그렇게 오랫동안 열심히 살아온 것은 칭찬받을 일이지."

할머니의 말에 할아버지는 젊었을 때가 떠올랐다.

"고등학교에 가지 못하고 배달 다닐 때 교복 입은 아이들을 보면 어찌나 부럽던지……. 내 자전거에 실린 배달 통이 부끄럽기도 했지. 놀리며 손가락질하는 애들도 있었거든요."

"맞아요. 옛날에는 학교에서 가정 환경 조사서를 내라고 했잖아요. 거기에 부모 학력란에 늘 거짓말로 적었어요. 우리 자식들 창피할까 봐. 나도 고등학교 1학년밖에 못 다녔는데 둘 다 고졸이라고 썼다니까요. 왜 그런 것을 써 내라고 했는지 몰라."

할머니가 따뜻한 차를 내오며 말했다.

"옛날에는 학벌로 차별하고 무시하는 게 심했잖아요. 요즘도 그런가 모르겠지만."

할아버지와 할머니는 젊은 시절에 당했던 서러움이 떠올랐다. 무식하다고 가게 주인에게 구박받던 기억, 잘 알지 못해서 집 계약을 사기당한 적도 있었다.

"그래도 우리 성공했잖아요. 당신이 만든 음식이 맛있다고 손님들이 자식이나 손자까지 데리고 식당에 찾아오니까. 당신이 그랬어요. 당신 음식 먹고 기분 좋아하는 사람들 볼 때마다 행복하다고."

할머니가 할아버지의 등을 쓸어 주며 웃었다.

"맞아요, 맞아. 어렸을 때부터 일하느라 공부를 못 했다고 당당하게 얘기했어야 하는데. 우물쭈물 말을 못 한 것이 꼭 도윤이한테 거짓말을 한 것 같아요."

할아버지는 아직도 망설여졌다. 많이 배운 것이 자랑인 세상에서 자란 손자가 자신을 어떻게 생각할지……. 학벌이 낮은 자신에게 실망하지 않을까 걱정이 되었다.

자신이 살아온 세월을 떠올리니 더 그랬다. 자신이 받은 차별과 무시를 자식들에게 안겨 주지 않으려고, 공부하라는 잔소리를 멈추지 않았다.

'아내 말대로 나는 열심히 살았고 경험도 많이 쌓았지.'

도윤이 할아버지는 지금은 제자들에게 2호점, 3호점을 내어 준 실력 있는 요리사가 되었다.

할아버지는 도윤이에게 전화를 했다.

"도윤아, 이번 일요일에 엄마, 아빠랑 할아버지 가게 올 테냐? 할아버지가 맛있는 자장면 해 주려고."

"와, 신난다. 그런데 일요일은 손님이 많아서 늘 바쁘시잖아요."

"할아버지가 우리 손자가 좋아하는 자장면을 해 주고 싶어서 그래. 엄마, 아빠한테 시간 괜찮은가 물어보고 연락 주겠니?"

일요일에 도윤이네 가족이 할아버지의 식당에 갔다. 할아버지는 도윤이를 위해 정성껏 요리를 했다. 무겁고 큰 프라이팬을 손목으로 휙휙 돌리며 양파와 돼지고기를 볶아 냈다.

할아버지가 만든 자장면과 탕수육이 나오자 가족들은 맛있게 먹었다. 도윤이의 입가와 뺨까지 검은 자장면 국물이 묻었다.

할아버지께 음식을 배우는 막냇삼촌도 함께 식사를 했다.

"잘 배우고 있어? 아버지 가게 물려받으려면 진짜 실력이 좋아야 할 거야. 손님들의 입맛이 아버지 수준에 맞추어져 있으니까 말이야."

도윤이 아빠가 삼촌을 보며 웃었다.

"말도 마. 아버지가 얼마나 엄격하신지 몰라. 칭찬은 거의 못 받고 만날 혼만 난다니까."

삼촌은 고개를 절레절레 흔들었다.

"주방은 항상 깨끗이 해라, 음식은 정성이다, 요리도 어느 정도 재능이 있어야 한다……. 나나 되니까 버티고 있는 거라고."

삼촌의 불평에 할아버지가 엄하게 말했다.

"그래야 제대로 된 음식을 만들 수 있지. 몇십 년을 그렇게 성실하게 일하고 연구해서 이런 맛을 내는 거야. 그렇게 잘 배운 제자들에게만 분점을 내어 준 거고."

할아버지는 삼촌에게 아버지이기 전에 무서운 스승이었다.

"어때, 도윤이는 음식이 맛있니?"

할아버지는 삼촌한테와는 달리 미소를 지으며 도윤이에게 물었다.

도윤이는 자장면을 먹느라 말을 못 하고 왼쪽 엄지손가락만 치켜들었다. 할아버지는 도윤이에게 물컵을 건네며 마음속에 담아 두었던 말을 꺼냈다.

"도윤아, 할아버지는 어렸을 때부터 음식을 만드느라 학교를 제대로 못 다녔단다. 옛날에는 그게 부끄러웠어. 그런데 지금은 도윤이처럼 할아버지가 만드는 음식을 좋아하는 사람들이 많아서 행복하단다."

할아버지의 말에 도윤이는 입안에 음식을 가득 넣고 우물거리며 고개만 힘차게 끄덕였다.

"아버지, 많이 못 배우신 게 한이 되면 지금이라도 어머니처럼 학교에 다니시면 어때요? 노인 대학도 있고, 검정고시도 있고요. 그럼 저도 덜 혼내시고 좋을 텐데."

막냇삼촌의 말에 도윤이 아빠가 꿀밤을 주는 시늉을 했다. 삼촌은 정말 한 대 맞은 것처럼 머리를 긁적거리며 웃었다.

그제야 도윤이는 입안에 음식을 다 먹고 말했다.

"삼촌도 참, 할아버지가 왜 학교를 더 다녀야 해요? 할아버지는 더 배울 게 없어요. 할아버지가 만든 음식이 최고인데. 할아버지는 자장면 박사예요,

박사!"

　도윤이가 이번에는 양쪽 엄지손가락을 치켜들며 웃었다. 도윤이는 세상에서 제일 맛있는 자장면을 만든 할아버지가 정말 자랑스러웠다.

우리나라에도 신분 제도가 있었어요

신라 시대에는 골품제라고 부르는 신분 제도가 있었어요. 신분의 등급을 왕족인 성골과 진골, 그리고 귀족과 일반 백성들은 여섯 개의 두품으로 나누었지요.

신분 제도가 엄격해서 오를 수 있는 벼슬 자리도 정해져 있었어요. 또 결혼과 옷 색깔, 집 크기까지도 신분에 맞게 갖추어야 했어요.

조선 시대에도 양반과 중인, 상민, 천민으로 신분이 나뉘었어요. 벼슬은 양반만 할 수 있었고 최하층인 천민으로는 백정, 노비, 광대 등이 있었어요.

오늘날의 대한민국은 모든 사람이 평등하고 공평한 기회를 가질 수 있게 헌법으로 정해져 있어요. 하지만 아직도 일부 국가에서는 신분 제도와 계급이 존재하고 있다고 해요. 신분이 높은 사람들은 부와 권력을 차지하고 신분이 낮은 사람들은 배움의 기회가 없기 때문에 가난에서 벗어나지 못하고 있지요.

정규직과 비정규직

　회사에서 정식 직원인 아닌 아르바이트, 임시 계약직으로 일하는 사람들을 비정규직이라고 부릅니다.

　비정규직은 일하는 시간이 정해져 있지 않고 언제든 고용주 마음대로 쫓아낼 수 있어 불안정한 직업입니다.

　비정규직은 정규직에 비해 임금이 낮고, 복지 혜택도 적은 데다, 일을 하다가 사고가 났을 때도 충분한 보상을 받기 어려워요. 비정규직 근로자들에게는 계약 조건이 불리하지만 회사에서는 비용이 적게 들기 때문에 비정규직 직원을 많이 쓰려고 하지요.

　비정규직 직원은 정규직 직원과 똑같은 일을 하더라도 임금과 복지 혜택 등에서 차별을 받으며, 언제 쫓겨날지 모른다는 불안에 시달리고 있답니다.

　돈을 적게 주기 위해, 일하는 사람들을 책임지지 않기 위해 정규직을 꺼려 하고 비정규직을 늘리는 것은 안전하고 건강한 사회가 아닙니다. 비정규직도 차별받지 않고 공정한 대우를 받고 일을 한다면 그 혜택은 당사자뿐만 아니라 사회 구성원 전체가 받을 수 있을 것입니다.

은서의 일기

"집에서 라면 끓여 먹으면 안 된다. 밖에서 급식 카드로 사 먹어, 알았지?"

식당으로 출근하는 할머니가 나와 준서에게 몇 번이고 다짐을 받았다. 며칠 전에 내가 라면을 끓이다가 뜨거운 물에 살짝 데어서 병원에 다녀 온 적이 있기 때문이다.

저녁은 할머니가 차려 주시지만 점심은 우리끼리 해결해야 한다.

우리처럼 부모 없이 사는 아이들에게 방학은 힘들다.

점심때가 되자, 나는 준서를 데리고 집 근처 편의점으로 향했다.

"준서야, 삼각 김밥이랑 컵라면 먹을까?"

"또 컵라면이야? 우리 고기 사 먹으면 안 돼?"

준서는 또 하나 마나 한 투정을 부렸다.

"컵라면 먹고 너 먹고 싶은 과자도 하나 사 줄게."

나는 겨우 준서를 달랬다. 나도 컵라면보다는 따뜻한 밥과 고기, 찌개가 먹고 싶다. 급식 카드로 식당에서 밥을 먹을 수 있지만 눈치가 보인다. 그나마 편의점이 눈치가 보이지 않아 가장 편하다.

며칠 전 돈가스를 먹으러 갔을 때였다. 주인아저씨는 우리 둘을 보자마자 물었다.

"너희들 급식 카드 쓰러 왔지? 우리 가게는 급식 카드 안 받는다."

나는 얼굴이 빨개져 준서의 손을 잡고 가게를 뛰쳐나왔다. 급식 카드를 쓸 수 있는 거 다 아는데 우리를 쫓아낸 것이다. 공짜 밥을 얻어먹으러 다니는 것 같아 기분이 나빴다.

집 근처 편의점이 무슨 일인지 문을 닫았다. 개인 사정으로 오늘만 쉰다는 쪽지가 붙어 있었다. 하는 수 없이 나는 준서의 손을 잡고 길 건너까지 걸어갔다. 횡단보도를 건너 조금 걸어가니 작은 식당이 보였다.

"누나, 여기 깨끗하고 좋다. 스파게티 판다고 쓰여 있어. 나, 이런 거 먹고 싶은데."

"안 돼. 우리가 오는 거 좋아하지 않을 거야."

나는 준서의 손을 끌었지만 준서는 입구에 놓인 메뉴판을 뚫어져라 보았다. 그때 나는 가게 유리문에 붙여 놓은 글씨를 보았다.

'급식 카드 환영합니다. 메뉴는 마음대로 골라도 돼요. 편하게 먹어요.'

내가 잘못 보았나 싶어 몇 번이고 다시 읽었다.

준서도 그 글을 읽었는지 내가 말리기도 전에 가게로 들어갔다. 우리가 들어가자 젊은 아저씨가 활짝 웃으며 말했다.

"어서 와, 얘들아. 편한 곳에 앉아. 엄마, 어린이 손님들 왔어요."

아저씨가 소리치자, 주방에서 아주머니가 고개를 내밀었다.

나는 어떤 음식을 골랐는지 기억이 나질 않는다. 너무나 배부르고 맛있게 먹었다는 것만 생각이 난다. 나는 아저씨, 아주머니와 약속했다. 일주일에 한 번씩 배고플 때마다 꼭 오기로.
　세상에는 가난한 사람을 무시하지도 차별하지도 않는 사람들이 있다. 나도 어른이 되면 오늘 만난 분들처럼 어려운 형편의 사람을 돕는 사람이 될 거다.

우리도 같은 한국 사람이야

"용수야, 현철이한테 학교 얘기 잘 들어야 한다, 알겠디? 우리보다 경험이 많으니 큰 도움이 되지 안캈어?"

용수 엄마는 용수가 잠깐 다니던 대안 학교에서 일반 초등학교에 다니게 되니 용수보다 더 긴장했다.

"내 말을 잘 듣고 기억해야 해."

용수는 현철이 형 말에 고개를 세차게 끄덕였다.

현철이 형은 용수보다 3년 먼저 한국에 들어온 새터민이다. 엄마들끼리 새터민 모임에서 만나 친해졌고 용수도 현철이를 친형처럼 따랐다.

"탈북자라고 하지 말고 조선족이라고 해. 중국 동포 말이야."

"조선족이라고 하란 말이디?"

"그래. 남조선 사람들은 조선족보다 탈북자를 더 무시하고 차별해. 그러니까 차라리 조선족이라고 하란 말이야."

용수는 현철이의 말에 한숨을 푹 내쉬었다. 거짓말을 하는 것도 싫고

조선족이라고 속일 자신도 없었기 때문이다.

"탈북자라고 하면 간첩 아니냐고 놀리는 아이들이 있단 말이야. 또 어떻게 넘어왔냐고 얘기해 달라고 조르는 애들도 있고. 그리고 가장 중요한 건 남조선 말을 빨리 배우는 거야. 나 봐. 북한 말 거의 안 쓴다니까. 진짜 열심히 배웠거든."

용수는 현철이가 부러웠다. 현철이는 새터민인지 모를 정도로 남조선 사람 같았기 때문이다.

"내레 기냥 입 다물고 있갔어. 하고 싶은 얘기도 없고."

현철이는 용수의 말에 어깨를 툭툭 치더니 여러 가지 이야기를 들려주었다. 학교에서 배우는 교과 내용이 다르다는 것과 여기서는 영어로 된 말이 많아 무슨 뜻인지 못 알아듣는 경우가 많다는 것, 낙지와 오징어처럼 북한과 부르는 이름이 전혀 반대인 것도 있다고 했다.

현철이가 들려준 얘기의 대부분은 자기가 어떻게 아이들에게 놀림 받고 차별받았는지였다. 그 얘기를 들으니 용수는 더욱더 걱정되었다.

'나는 현철이 형처럼 씩씩하지도 않은데 어떡하지?'

용수는 학교 가기 전날 잠을 설쳤다. 누군가 자신에게 총을 쏘는 꿈, 차가운 강물을 헤엄치는 꿈, 돌아가신 아버지와 함께 밥을 먹는 꿈도 꾸었다.

학교에 간 용수는 웬만해서는 입을 열지 않았다. 하지만 며칠 동안 말을 전혀 하지 않을 수는 없었다.

눈치 빠른 미진이가 용수에게 물었다.

"하용수! 너 조선족이야? 사투리가 좀 이상해."

용수는 가만히 고개를 끄덕였다.

"그럼 중국어도 잘하겠네?"

"니 하오(안녕)."

"워 아이 니(나는 너를 사랑해)."

아이들은 아는 중국 말을 하며 용수에게 말을 시켰다. 북한에서 탈출해 중국에서 1년 넘게 살았던 용수는 중국어를 조금 할 줄 알았다. 그래도 말을 하지 말아야겠다는 생각에 그냥 입을 꽉 다물고 억지 미소만 지었다.

체육 수업을 하러 나가다 용수는 옆 반에 얼굴이 유독 까만 아이를 보았다.

'우리나라 아이가 아닌가? 한국말을 잘하는 것 같은데.'

용수는 그 아이를 흘끔흘끔 쳐다보다 눈이 마주치자 깜짝 놀라 고개를 돌렸다.

그날 저녁을 먹으러 현철이네 집으로 갔다. 현철이 엄마와 용수 엄마는 같은 식당에서 일하는데 퇴근 시간이 늦어 저녁 식사는 아이들끼리 챙겨야 했다.

"응, 그런 애들은 다문화 가정 아이야. 우리 반에도 두 명 있어. 대부분 엄마가 동남아시아나 다른 나라 사람들이 많더라고. 그래서 외모가 약간 달라."

"기렇구나. 그래도 그 아는 남조선 말을 나보다 더 잘하던데. 외모가 좀 표 나서 그렇디."

"한국에서 자랐으니 우리보다야 여기 생활이 훨씬 익숙하지. 근데 다문화 가정 아이들도 다른 아이들에게 무시당하는 경우가 많아. 외모도 다르고 엄마가 가난한 나라에서 왔다고 수군대는 아이들이 많거든."

현철이의 말에 용수는 가만히 고개를 끄덕였다. 가난한 곳에서 온 것은 자신들도 마찬가지였다. 남한은 먹을 것도 많고 자유롭다고 생각해서 왔지만 여전히 걱정할 것은 많았다.

무엇보다도 학교 선생님이었던 엄마가 식당에서 하루 종일 설거지를 하는 것이 마음 아팠다. 엄마를 생각해서라도 학교에서 힘든 것은 내색하지 말아야겠다고 생각했다.

며칠 뒤 미진이가 와서 중국어를 가르쳐 달라고 졸랐다.

"중국어를 배우고 있는데 너무 어렵더라고. 소리에 높낮이도 있고 한자도 많고. 네가 가르쳐 주면 안 될까?"

용수는 미진이의 부탁에 손사래를 쳤다.

실제로 중국 사람만큼 중국어를 잘하지 못하는 데다 북한 사투리가 튀어나올까 봐 말을 하고 싶지 않았기 때문이다. 용수는 미진이가 일부러 자신을 놀리려고 중국어를 배우고 싶다고 하는 것 같았다. 현철이가 아이들이 조선족도 무시하고 놀린다는 얘기를 했기 때문이다.

'그래, 어디 놀리고 무시해 보라. 나는 목숨 걸고 이곳에 왔디. 고생하는 엄마를 생각해서라도 버티고 참아 낼 거야.'

용수는 미진이를 흘겨보며 마음속으로 생각했다.

며칠 뒤, 다양한 문화 배우기 수업 시간에 낯선 사람이 교실로 들어왔다. 빨간색 치파오(중국 전통 의상)를 입은 아주머니였다.

"엄마!"

미진이가 반갑게 손을 흔들었다. 용수는 놀라 미진이와 미진이 엄마를 번갈아 보았다.

'미진이가 엄마 때문에 중국어를 배우고 있었구나. 나를 놀리려고 그런 게 아니었네.'

중국인인 미진이 엄마는 중국 의상과 인형들을 보여 주고 반 아이들에게 월병을 나눠 주기도 했다. 오늘 하루 보조 선생님으로 담임 선생님과 함께 수업을 한 것이다.

수업이 끝난 후 미진이가 엄마를 데리고 용수에게 왔다.

"엄마, 얘가 용수예요. 중국에서 온 아이요."

"반갑다, 용수야. 중국 어디에서 왔니?"

용수는 활짝 웃으며 인사하는 미진이 엄마에게 차마 거짓말을 할 수가 없었다.

"전, 저는 중국에서 1년 정도만 살았어요. 그전에는 북한에서 살았거든요."

용수는 아이들을 둘러보며 천천히 말했다.

"뭐? 용수가 탈북자야? 새터민?"

예상대로 아이들은 용수에게 여러 가지 질문을 했다. 어떻게 탈출했는지, 정말 굶어 죽는 사람이 많은지, 북한 사투리를 해 보라는 아이들도 있었다.

학교 수업이 다 끝나고 미진이가 용수에게 다가왔다.

"남은 월병이야. 너 하나 더 먹어."

용수는 아무 말없이 월병을 받았다.

"나는 네가 조선족이어서 중국어를 잘하는 줄 알았지. 엄마 몰래 중국어를 많이 배워서 놀라게 해 드리고 싶었거든. 내가 괜히 꼬치꼬치 물어봤구나."

용수는 미진이를 오해했던 것이 미안해 어쩔 줄 몰라 했다.

"너, 너는 애들이 놀리지 않아? 엄마가 중국 사람이라고 말이다. 너도 그 뭐냐 다, 다문화 가정이디 않아."

용수는 이 학교에 온 뒤, 가장 말을 많이 한 것 같았다.

"놀리는 애들도 있어. 속상하긴 하지만 신경 쓰면 나만 손해야. 나는 우리 엄마가 부끄럽지 않아. 오늘 이렇게 아이들에게 중국에 대해 가르쳐 주기도 했잖아."

또랑또랑한 미진이의 목소리가 용수에게 힘을 주는 것 같았다.

"우리 엄마는 북한에서 선생님이었디."

"정말? 그럼 다음에는 북한 문화에 대해 공부할 때 보조 선생님 하시면 되겠다."

미진이의 말에 용수는 엄마를 떠올렸다. 하루 종일 식당에서 일하시곤 집에 돌아와 쓰러져 자는 엄마가 아닌, 말끔한 옷을 입고 아이들을 가르쳤던 옛날 엄마의 얼굴을……

"엄마가 좋아하실 것 같긴 하디. 함 물어보갔어."

용수는 대답하고 월병을 뜯어서 한 입 베어 물었다.

"이것 참 맛나다야. 나중에 생기면 또 갖다주라."

용수는 웃는 미진이를 보며 생각했다. 엄마가 보조 선생님으로 오시면 미진이 엄마처럼 맛있는 북한 음식을 꼭 가져와야겠다고 말이다.

우리 역사 속에서 다문화를 찾아볼까요?

　신라가 삼국을 통일한 후, 남은 고구려 사람들은 새로운 나라를 세웠어요. 대조영은 고구려가 멸망한 지 30년 후에 고구려 유민과 말갈족들과 함께 발해를 세웠지요. 발해는 고구려인과 말갈족이 함께한 다문화 다민족 국가였던 셈입니다.

　그 후 고려가 세워지고 고려는 발해 유민과 말갈족, 거란인들을 받아들였어요. 고려 시대 때는 무슬림들도 많이 들어왔는데, 무역을 위해 아라비아 상인들이 활발하게 드나들었기 때문이지요.

신라의 원성왕 때는 아랍 사람이 왕의 호위 무사를 맡기도 했어요. 당시에는 이렇게 중국의 서쪽에 있던 나라들에서 온 사람들을 서역인이라고 불렀어요. 지금도 신라의 왕릉과 고분에는 이런 서역인들의 조각상이 호위 무사처럼 지키고 있지요.

신라 시대에도 다양한 다른 나라 문화를 많이 받아들여 신라는 학문적으로나 예술적으로도 뛰어난 발전을 이루었습니다.

난민이란 누구를 말하는 걸까요?

전쟁이나 재난 때문에 받는 생명의 위협에서 피하기 위해 외국이나 다른 지방으로 가는 사람들이 있어요. 이들을 우리는 난민이라고 부릅니다.

나라 없이 떠도는 신세가 된 난민들은 보호받지 못해 각종 차별과 위험에 드러나 있습니다. 어려움을 피해 고국을 떠났지만 받아 주는 나라가 없어 배 위에서 죽기도 하고 수용소에서 굶주림과 질병으로 고통 받기도 합니다.

많은 사람들이 난민에 대해서 부정적인 생각을 가지고 있어요. 낯선 사람들을 받아들여 살게 한다는 것에 거부감을 가지고 있거든요. 우리의 일자리를 빼앗고 범죄를 저지를 수 있다는 공포감을 느끼기 때문이에요.

하지만 난민들도 인간답게 살 권리가 있어요. 그들을 무조건적으로 혐오

하기보다 이해하고 도우려고 하는 자세가 필요해요.

우리나라의 많은 사람들이 일제 강점기와 6·25 전쟁 때 여러 나라에 흩어져 난민으로 살았어요. 아직도 중앙아시아와 러시아 쪽에서 고려인 혹은 카레이스키라고 불리며 살고 있는 사람들이 있지요.

우리가 어려울 때 도움을 받고 살았던 만큼 우리도 어려운 사람들을 도울 책임이 있답니다.

◀ 전쟁을 피해 떠나는 난민들

장영실의 일기

오늘 전하께서 신하들 앞에서 말씀하셨다.

"장영실이 스스로 울리는 시계인 자격루 제작에 성공하였다. 이 놀라운 공로를 치하(칭찬)하고자 장영실에게 정4품 벼슬인 호군의 관직을 내리겠다."

송구스럽게도 전하께서 천한 나에게 너무나 큰 벼슬을 내리신 것이다. 신하들이 가만히 있을 리가 없었다. 전하의 총애를 받는 나는 벼슬아치들에게 눈엣가시 같은 존재였다.

"아니 되옵니다. 미천한 출신의 장영실에게 그렇게 큰 벼슬을 내리시다니요. 벼슬은 양반만 할 수 있사옵니다. 부디 명을 거두어 주시옵소서, 전하."

나는 충분히 이해할 수 있었다. 조선이라는 나라는 철저한 신분제의 나라이고 나는 미천한 노비 출신이다.

게다가 내 아버지는 원에서 귀화한 사람이다. 아버지는 조선에서 벼슬은 했지만 양반집 규수와는 결혼할 수 없었다. 조선의 양반이 아니었기 때문이다. 관기(관청에 속한 기생)인 어머니와 결혼했기 때문에 내 신분도 노비였다. 그런데도 전하는 내 공로를 칭찬하시고 노비인데도 정4품이라는 벼슬을 내리신 것이다.

 "장영실의 신분이 무엇이 중요하냐. 장영실은 재주가 비상하고 기술이 뛰어나 장차 조선에 큰 도움이 될 도구들을 많이 만들어 낼 것이다."

 전하의 명과 황희 대감이 옆에서 거들어 준 덕분에 나는 벼슬을 받게 되었다. 전하는 신분과 출신에 상관없이 내 능력을 인정해 주셨다.

 나는 앞으로 전하의 뜻을 받들어 더 훌륭한 과학 기구들을 만들어 낼 것이다. 앞으로의 세상에서도 부모의 출신과 신분에 상관없이 사람들에게 기회를 준다면 이 나라는 훨씬 더 발전할 수 있을 것이다.

우리는 정말 이상하다고 생각합니다
(인종 차별)

어느 인디언 추장이 남긴 아름다운 이야기

　현재의 미국 워싱턴주에 살았던 아메리카 원주민의 추장 시애틀은 수카미시족과 두와미시족의 추장이었다. 그는 용감하면서도 인자한 성품을 지녀 그의 부족원들은 물론이고 다른 부족 사람들도 존경하는 인물이었다.
　1855년 당시 미국 대통령인 프랭클린 피어스는 시애틀 추장에게 그들의 땅을 팔라고 강요했다. 이에 시애틀 추장은 자신의 생각을 적은 편지를 보냈다.

　우리의 땅을 사고 싶다는 워싱턴의 대추장(미국의 대통령)의 제안에 대한 답을 보낸다.
　우리는 당신들의 제안을 진지하게 고려해 볼 것이다. 우리가 땅을 팔지 않는다면 백인들이 총을 들고 와서 우리 땅을 빼앗을 것임을 우리는 알고 있다.
　그대들은 어떻게 저 하늘이나 대지의 따뜻한 기운을 사고팔 수 있는가? 우리는 정말 이상하다고 생각한다. 대기의 신선함과 반짝이는 물을 우리가 소유하고 있는 것이 아닌데 어떻게 그것들을 팔 수 있다는 말인가?

 빛나는 나뭇잎, 모래 기슭, 어두운 숲속 안개, 맑게 노래하는 온갖 종류의 벌레들...... 이 모두가 우리의 기억과 경험 속에서는 신성한 것들이다. 나무 속에 흐르는 수액은 우리 얼굴 붉은 사람들의 기억을 실어 나른다. 백인은 죽어서 별들 사이를 거닐면 그들이 태어난 곳을 잊어버리지만 우리가 죽어서도 이 아름다운 땅을 결코 잊지 못하는 것은 여기가 바로 우리 어머니 품속이기 때문이다.

우리는 대지의 일부이고 대지는 우리의 한 부분이다. 향기로운 꽃은 우리의 자매이고 사슴, 말, 큰 독수리는 우리의 형제들이다. 바위산 꼭대기, 풀의 수액, 조랑말과 인간의 체온은 모두 하나다. 모두가 같은 부족이다.

워싱턴의 대추장이 우리 땅을 사고 싶다는 것은 곧 우리의 형제자매를 팔아넘기라는 것과 같다. 대추장은 우리의 삶의 방식을 전혀 이해하지

못하고 있다.

그에게 대지는 형제가 아니라 적이며, 백인들은 대지를 정복한 다음 또 다른 곳으로 나아간다. 백인들은 거리낌 없이 아버지의 무덤을 내팽개치는가 하면 아이들에게서 땅을 빼앗고도 개의치 않는다. 백인들은 어머니인 대지와 형제인 저 하늘을 마치 양이나 목걸이처럼 사고 빼앗아 팔 수 있는 것으로 대한다.

그들의 욕심은 대지를 삼켜 버리고 사막만을 남겨 놓을 것이다.

당신들의 부족이 쓰러지는 날이 아주 먼 훗날일지도 모르나, 그날은 반드시 온다. 신의 보호를 받는 백인들이라 할지라도 이 공통된 운명에서 벗어날 수는 없다. 결국 우리는 한 형제임을 알게 되리라.

인간과 자연은 한 몸이며 모두가 형제라는 시애틀 추장의 편지는 많은 미국인들을 감동시켰다. 워싱턴주의 도시 시애틀은 그의 이름을 따서 지었고 시애틀에는 추장의 동상이 남겨져 있다. 그의 연설문은 지금까지 전해지며 자연의 소중함과 인디언의 고결한 정신을 이야기해 준다.

콜럼버스는 1492년 아메리카 대륙을 발견했다. 그 후 많은 유럽인들이 아메리카 대륙으로 건너오면서 인디언들의 고통이 시작되었다. 유럽인들은 자신들의 이익을 위해 아메리카 인디언들의 땅과 목숨을 함부로 빼앗았다.

인디언들은 백인들에게 자연을 같이 나누며 살자고 평화를 제의했지만 백인들의 욕심은 끝이 없었다. 대지를 지키려던 인디언들은 불을 뿜는 총구

아래 쓰러졌으며, 수많은 인디언들의 예언대로 그들은 아름다운 대지와 자유를 빼앗겼다.

백인들은 1830년에 '인디언 강제 이주법'을 만들어 인디언들을 황무지로 내쫓았다. 인디언들은 배고픔과 질병에 시달리며 백인들이 정해 준 '인디언 보호 구역'으로 쫓겨 가야 했다.

시간이 흐른 지금도 인디언들은 미국인들과 같은 혜택과 보호를 받지 못하며 가난과 차별 속에서 살고 있다.

하지만 시애틀 추장의 연설문을 보면 인디언들이 백인들에게 결코 뒤지지 않는, 아니 어떤 면에서는 오히려 더 뛰어난 정신문화를 가지고 있음을 알 수 있다. 백인들을 같은 형제로 생각하고 나무와 동물, 땅과 공기까지 지구의 모든 것을 소중하게 여기는 지혜로운 사람들이었던 것이다.

유럽인들이 데려온 가축들은 인디언들에게 세균을 전파했고, 면역력이 없었던 수많은 인디언들이 죽음을 맞아야 했다. 또한 유럽인들은 인디언들에게 기독교 신앙을 강요했고 인디언들의 독특한 문화를 파괴했다.

인디언들은 욕심으로 가득한 이주민들 때문에 목숨도, 삶의 터전도, 조상부터 내려온 고유한 문화까지 잃어버렸다.

북아메리카 원주민뿐만 아니라 오스트레일리아 대륙의 원주민, 남아메리카의 원주민들도 유럽인들에게 학살당하고 자신들의 문화를 빼앗겼다.

인종 차별이 역사적으로 얼마나 큰 상처를 남기는지 우리는 인디언들의 아픔을 통해 배울 수 있다.

유대인들은 왜 학살당했을까요?

　기독교 문화인 유럽에서 유대교를 믿는 유대인들은 오랫동안 무시와 차별을 받는 민족이었어요.

　제1차 세계 대전에서 패한 독일은 경제적으로 어려운 상황이 되었습니다. 그러자 일부 독일인들은 그런 상황을 유럽의 경제권을 장악한 유대인들의 탓으로 돌렸지요.

　히틀러는 순수 혈통인 아리아인의 우수성을 내세우며, 유대인들에 대한 혐오의 감정을 불러일으켰어요. 국민들을 뭉치게 할 자극적인 감정으로 유대인 혐오를 이용한 것이지요.

　히틀러가 이끄는 나치 세력은 제2차 세계 대전 동안 수많은 유대인을 학살합니다. 이 시기에 유럽에 있던 900만 명의 유대인 중 3분의 2인 600만 명이 죽었어요.

　이러한 유대인 학살을 홀로코스트라고 부릅니다. 인류의 가장 비극적인 역사 중 하나이지요.

노예 제도에서 흑인 차별이 시작되었어요

　유럽의 많은 나라들은 경제적 이익을 위해 신대륙을 찾아 나섰고 정복한 지역의 인디언과 아프리카 흑인들을 노예로 부렸어요.

　특히 포르투갈은 아프리카의 흑인들을 아메리카로 보내 노예로 이용해서 막대한 돈을 벌었지요. 거래한 노예 무역선이 아프리카에서 대서양을 건너 아메리카로 가는 동안 짐짝처럼 실린 수많은 흑인들이 배 안에서 죽기도 했어요.

　그렇게 아메리카로 간 흑인들은 인간 대접을 받지 못한 채 이리저리 팔리고 두들겨 맞으며 일만 했습니다.

　미국에서는 1865년이 되어서야 노예 제도가 폐지되었습니다. 하지만 흑인들을 노예로 부렸던 백인들은 그 후로 오랜 세월 동안, 심지어 지금까지도 흑인들을 차별해서 많은 문제를 일으키고 있습니다.

◀ 노예선에 실리는 노예들

로자 파크스의 일기

1955년 12월 1일.

　나는 몽고메리 백화점에서 일을 마치고 집에 가기 위해 버스를 탔다. 요금을 내고 버스 뒤편 유색 인종 좌석으로 갔다. 하루 종일 일하느라고 몸이 무척 피곤했는데 다행히 가장 첫 줄에 자리가 비어 얼른 앉았다.

　"집까지 앉아서 갈 수 있겠다."

　몇 정거장 지나니 백인 좌석이 꽉 차서 몇 명이 서 있게 되었다. 그 모습을 본 백인 운전기사가 뒷자리로 와서 흑인인 우리들에게 일어나라고 했다.

　"백인들이 앉아야 되니 일어나시오."

　나를 제외한 세 명은 일어났지만 나는 일어나지 않았다.

　"여기는 흑인 좌석이에요. 내가 일어날 이유는 없어요."

　내가 대답하자 운전기사는 경찰을 불렀다. 경찰은 이유를 묻지도 않고 무조건 나를 체포해서 경찰서로 데려갔다.

　"당신은 백인과 흑인이 분리해야 하는 법을 어겼어요."

　"무슨 말이에요? 나는 흑인 자리에 앉아 있었는데 백인들이 왔다고요."

나중에 사실을 확인한 경찰들은 밤이 되어서야 나를 풀어 주었다. 화가 난 채로 집으로 돌아왔는데 흑인들이 나를 찾아왔다.

"흑인이라고 이렇게 심한 차별을 하다니요! 우리는 내일부터 버스를 타지 않겠어요."

"더 이상은 수모를 당하며 살 수 없어요. 흑인도 존중받아야 해요. 먼저 탄 사람이 자리에 앉을 수 있어야 한다고요."

나는 흑인들과 함께 내일부터 흑인 차별 반대 운동을 할 것이다. 이것으로 나는 직장을 잃을 수도 있고 감옥에 갈지도 모른다. 하지만 점점 더 많은 사람들이 함께한다면 백인들에게 받고 있는 차별과 무시를 조금씩 무너뜨릴 수 있을 거라 믿는다.

열다 지식을 열면, 지혜가 열립니다. 나만의 책을, 열다.

이게 차별이라고?

초판 1쇄 발행 2022년 1월 24일
초판 2쇄 발행 2022년 10월 5일

글 고수산나 | 그림 이경택

ⓒ 2022 고수산나
ISBN 979-11-6581-345-1 73300

열다는 스푼북의 어린이책 브랜드입니다.

* 저작권법에 의하여 한국 내에서 보호를 받는 저작물이므로 무단 전재와 무단 복제를 금합니다.
* 책값은 뒤표지에 있습니다.
* 잘못 만들어진 책은 구입하신 곳에서 바꾸어 드립니다.

발행처 주식회사 스푼북 | 발행인 박상희 | 총괄 김남원
편집 박지연·김선영·박선정·허재희·권새미 | 디자인 지현정·김광휘 | 마케팅 손준연·이성호·구혜지
출판신고 2016년 11월 15일 제2017-000267호 | 주소 (03993) 서울시 마포구 월드컵북로6길 88-7 ky21빌딩 2층
전화 02-6357-0050(편집) 02-6357-0051(마케팅) | 팩스 02-6357-0052 | 전자우편 book@spoonbook.co.kr
*10세 이상 어린이 제품

제품명 이게 차별이라고?	제조자명 주식회사 스푼북	제조국명 대한민국
전화번호 02-6357-0050	주소 서울시 마포구 월드컵북로 6길 88-7 ky21빌딩 2층
제조년월 2022년 10월 5일	사용연령 10세 이상

⚠ 주 의
아이들이 모서리에
다치지 않게 주의하세요.

※ KC마크는 이 제품이 공통안전기준에 적합하였음을 의미합니다.